W0247155

KLEINE
BETTLEKTÜRE
FÜR ALLE,
DIE IHR
USEDOM
LIEBEN

Kleine
Bettlektüre
für alle,
die ihr
Usedom
lieben

Scherz

AUSGEWÄHLT VON
DIETMAR DAMWERTH

Scherz Verlag, Bern München Wien

INHALT

HANS WERNER RICHTER

Bansiner Topographie

Die Straßen des Ortes, in dem mein Vater lebte, bilden ein Kreuz. Die längere Seestraße läuft von Süden nach Norden, die kürzere Bergstraße von Westen nach Osten. Sie schneidet die Seestraße in ihrer oberen Hälfte. Das Kreuz ist behangen mit ein paar Nebenstraßen, mit einem Kriegerdenkmal, mit einem vermoderten See, mit einer zweiklassigen Volksschule, mit Villen aus der Jahrhundertwende, mit einem Kinderspielplatz und mit zwei Tennisplätzen. Der Kiefernwald, der von Westen her an das Kreuz grenzt, umschließt Kriegerdenkmal, Kinderspielplatz und Tennisplätze.

Die Seestraße beginnt im Süden am Bahnhof und läuft nach Norden bis ans Meer. Ein weißer Gürtel hält sie dort auf: der Strand. Der Bahnhof muß nicht weiter beschrieben werden: ein Schalter, eine Gastwirtschaft, eine Verladerampe. Der Strand ist steinfrei, sein Sand körnig-weiß und nur im Herbst und Frühling etwas bräunlich. Das Meer besitzt einen sandig-hellen Untergrund, läuft flach von der Küste weg zu größeren Tiefen hin, ist milde salzhaltig, und sieht in der Sonne blau, bei Gewitter grün, bei Sturm weiß und in der Nacht schwarz aus.

Im Westen stehen etwa dreißig oder vierzig Pfähle im Wasser. Auf jedem Pfahl sitzt zu jeder Jahreszeit eine Möwe. Die Pfähle sind weiß von Möwendreck. Zweihundert Meter weiter standen früher noch drei Pfähle im Wasser, die heute verschwunden sind.

Geschichte der Pfähle: Die ersten dreißig oder vierzig Pfähle sind Restbestände einer Brücke, die zur Zeit Kaiser Wilhelms II. und in der Weimarer Republik dem Landen diente. Motorboote, die an der Küste entlang fuhren, machten hier ihre Taue fest. Für größere Schiffe war die Küste zu seicht. Aus Angst vor den Russen rissen die Einwohner des Ortes im August 1914 die Planken der Brücke ab. Die Russen kamen nicht. Dreißig Jahre später kamen sie, nicht übers Meer, sondern am Strand entlang – zu Fuß und mit Panjewagen – und fanden eine wiederum zerstörte Brücke vor. An den drei letzten Pfählen, die alte Schwedenbrücke genannt, band Gustav Adolf – nach dem Gerücht – seine Kriegskoggen an, um sein Heer auszuladen und den kaiserlichen General Tilly bei Magdeburg zu schlagen. Die Pfähle hat entweder das Meer mitgenommen oder ein russischer General.

Diese Pfähle standen im Meer vor der Steilküste unmittelbar vor einer Steilküstennase, die sich Tonberg nennt. Von diesem Tonberg zieht sich die Steilküste bis zu ihrem höchsten Punkt – dort nennt sie sich «Langer Berg» – und dann bis zu ihrem niedrigsten Punkt hin, wo sie sich wieder in flache Küste verwandelt. Dieser Punkt hieß früher «Knuths Ruh», später «Selliner Bootsstelle» und ist heute Campingplatz der sozialistischen Volksrepublik mit Toiletten, Baracken, Verkaufsständen und einem Strand für Freikörperkultur. Dort riecht es jetzt nach Strandhafer, Exkrementen, schwarz gehandeltem Aal, Niveacreme. Auf hohen Kommandotürmen stehen Lebensretter, die aufs Meer und auf nackte Damen und Herren blicken. Sie sorgen nicht für Ordnung, sondern für die Erhaltung des Lebens. Für Ordnung sorgt ein Kommando der Volkspolizei, das im Wald stationiert ist. Die Volkspolizisten sind bekleidet. Sie gehen – wie die Zeitungsverkäufer, wie zwei Rotkreuzschwestern, und andere, der Ordnung und dem Vergnügen dienende Staatsangestellte – zwischen den Nackten hin und her, als wären diese nicht nackt.

Dieser Strand war zur Zeit des ersten deutschen Kaisers und auch noch des zweiten der ruhigste der ganzen Küste. Mein Großvater Knuth hatte sich hierher mit seinem Fischerboot zurückgezogen. Er konnte alle anderen Fischer nicht leiden. Er und seine Feinde erzeugten fast alle ersten Einwohner des Ortes, etwa dreihundert.

Geschichte der Einwohner: Die ersten Einwohner kamen aus den Dörfern, die vier, fünf oder sechs

Kilometer hinter der Küste an vier miteinander verbundenen Seen liegen und sich Schmollen-, Gothen- und kleiner und großer Krebssee nennen. Sie waren Fischer, Maurer, Bauern, Zimmerleute, Tischler, Schlosser. Angezogen von dem Geldstrom der Gründerjahre bauten sie drei-, vier- und fünfstöckige Villen, die sie Seeblick, Seeschloß, Seemöwe, Dünenblick, Dünenschloß, Meereswoge, Meeresstrand oder auch Germania, Kurfürst, Bismarck, Prinz Heinrich nannten. Sie bauten auf Kredit und stellten sich gegenseitig Wechsel aus. Platzte ein Wechsel, so begannen die betroffenen Bauherrn am nächsten Tag auf ihrer eigenen Baustelle wieder als Maurer, Zimmermann oder auch als einfacher Hilfsarbeiter. Sie arbeiteten viel, tranken viel, und waren nebenbei Husaren, Dragoner, Ulanen, Kürassiere. In ihren Wohnungen hingen Husaren-, Dragoner-, Ulanen- und Kürassierbilder, die sie auf trabenden Rossen und mit bunten Fahnen an gesenkten Lanzen zeigten. Sie zwirbelten morgens ihre Schnurrbärte mit Wachs ein, zeugten in der Nacht zahlreiche Kinder – einige bis zu siebenundzwanzig – und kamen fast alle zu Wohlstand. Im August 1914 zogen sie jubelnd aus, um Frankreich zu schlagen. Viele kamen nicht wieder. Jene, die wiederkamen, gründeten einen Kriegerverein, stellten ein Kriegerdenkmal auf, einen Findling, in den die Namen der Nichtzurückgekehrten eingemeißelt wurden, tru-

gen das Eiserne Kreuz, waren zuerst für die Sozial-
demokraten, dann für die Volkspartei, dann für die
Deutschnationalen, und kamen über die Revolu-
tionsjahre und die Inflationszeit mit der Renten-
mark wieder zu Wohlstand.

1930 zogen die ersten Nationalsozialisten durch
die Seestraße, SA-Männer in Uniform, drei an der
Zahl. Sie sangen: «Rotfront und Redaktion er-
schossen», weil ihnen das Wort Reaktion nichts
sagte. Sie vermehrten sich schnell, übernahmen die
Macht, und der Dümmste unter ihnen – ein Maler-
geselle – wurde Ortsgruppenleiter. Sie redeten
viel, marschierten viel, tranken viel und waren
nebenbei Scharführer, Unterscharführer, Sturmführer. Sie rasierten sich täglich, zeugten in der
Nacht weniger Kinder – drei oder vier – und
kamen nach der Wirtschaftskrise wiederum zu
Wohlstand. Die dreiundvierzig kommunistischen
Wahlstimmen, die es im Ort gegeben hatte,
schmolzen bis auf eine Nein-Stimme zusammen,
und diese eine Nein-Stimme blieb, obwohl Scharführer, Unterscharführer und Sturmführer ständig
nach ihr suchten. Im September 1939 zogen auch
sie aus – diesmal ohne Jubel – um Frankreich,
England, Polen, Rußland, Amerika, Australien,
Kanada, Brasilien zu schlagen. Sie kamen nicht
zurück. Statt dessen kamen die Russen und verge-
waltigten ihre Frauen. Nur die Frauen der Fischer
fanden diese unfreiwillige Siegerehrung nicht

unangenehm. Sie sagten: «Dat hem wi schon lang nich mir heft.» Die anderen strichen entweder ihren Körper mit Rheumasan ein, was den Geruchssinn der Russen verwirrte, oder flohen ins Land und standen im hohen Rohr der Seen bis zum Hals im Wasser, wenn russische Krieger vorbeisprengten. Siebenundzwanzig Einwohner des Ortes, die Parteimitglieder waren, erhängten sich, einer zündete sein Haus an, eine Frau erschoß nach der dritten Vergewaltigung ihre drei Kinder und dann sich selbst. Die eine verbliebene «Nein-Stimme» wurde zum Bürgermeister ernannt. Die alte Partei wurde von einer neuen abgelöst. Sie verstaatlichte alle Häuser, den Grund und Boden, die Hotels und Restaurants. Die meisten der Einwohner flohen in ein Land, das sie den goldenen Westen nannten. Für sie fanden sich neue Einwohner aus dem Osten ein. Da diese rechtzeitig ihre Papiere fortgeworfen hatten und niemand ihnen nachweisen konnte, daß sie auch Scharführer, Unterscharführer und Sturmführer gewesen waren, stellten sie bald die neuen Gemeinderäte, Bürgermeister, Ortsleiter, Polizeioffiziere, Bademeister. Nach der letzten Statistik hat der Ort seit Einmarsch der Russen achtzehn Bürgermeister verbraucht.

Das Gemeindehaus, von dem aus die schnell wechselnden Bürgermeister regierten, ist ein roter Backsteinbau und wird einerseits von der Bergstraße und andererseits von der Schloonstraße begrenzt. Es besitzt neben den Amtsräumen ein Spritzenhaus, in dem die Feuerwehrwagen stehen, und an dem die Feuerwehr übt. Daneben befindet sich die heutige Polizeistation, in der man sich an- und abmelden muß. Gab es früher einen Polizisten, der den gesamten Ort vor Diebstahl, Mord, Unfug und Unzucht bewahrte, so sitzen heute hier über ein Dutzend, ohne daß der Ort inzwischen wesentlich gewachsen wäre. Nicht weit davon befindet sich der ehemalige Droschkenhalteplatz, heute Schuttabladeplatz, und dahinter der vermoderte See, der sich Schloonsee nennt. In ihm versenkten die Hoteliers beim Herannahen der russischen Armee fünfzigtausend Flaschen ihrer besten Weine, was ihnen aber nichts half. Die Russen holten sie mit Hilfe von Tauchern Flasche für Flasche aus der vermoderten Tiefe des Sees herauf und betranken sich so sehr, daß die Frauen diesmal die Hoteliers und nicht sie verfluchten. Am See entlang führt eine kastanienbaumbestandene Straße dreihundert Meter nach Osten an einen Kanal, der See und Meer verbindet und deshalb Schloonkanal heißt. Er ist die natürliche Grenze des Orts und teilt auch den Strand, der hier westlich dem Ort gehört, vom östlichen Ufer ab aber einem anderen, der früher etwas über die Schulter angesehen und als nicht ganz fein empfunden wurde, was mit den «christlichen» Gästen dieses

13

und den «nichtchristlichen» des anderen zusammenhing. Hier ist die Küste flach, sind die Dünen, hinter denen die Strandpromenade läuft, mit Strandhafer bewachsen und leicht gewellt. Von diesem Kanal aus bis zum früheren Ruheort meines Großvaters Knuth gehört der Strand unserem Ort.

Geschichte des Strandes: Erst mit der Gründung des Ortes – 1897 – bekommt der Strand seine Bedeutung. Er wird Badestrand. Seine Geschichte läßt sich in drei Perioden unterteilen. Die erste Periode ist die des Badeanstaltbadens, die zweite ist die des Freibadens, die dritte die des gemischten Nackt- und Freibadens. Jede Periode ist durch Art und Farbe der Fahne gekennzeichnet, die jeweils über den Strandkörben, Strandkabinen, Strandbuden und Badeanstalten flatterte: erste Periode 1897–1918 Reichskriegsflagge gemischt mit Schwarz-weiß-rot, zweite Periode 1918–1932 Schwarz-weiß-rot gemischt mit etwas Schwarz-rot-gold, dritte Periode 1933 bis heute: einheitliches Hakenkreuz gemischt mit einem allmählich wachsenden fahnenlosen Zustand, der sich ab 1945 durchgesetzt hat.

In der ersten Periode, von 1903 bis 1918 und noch einige Jahre danach, besaß der Strand drei Badeanstalten. Es waren schloßähnliche Gebilde, Holzbauten mit Türmen und Zinnen, mit Fahnen und Fähnchen, mit zahlreichen Kabinen, mit Treppen und Treppchen, mit Rettungsringen und Rettungsbooten, mit Bademeistern und Bademeisterinnen. Sie waren umgeben von einem hohen Bretterzaun, der sich mit einem engmaschigen Drahtgeflecht im Wasser fortsetzte, so daß niemand hinaus- und niemand hineinschwimmen konnte. Die drei Bäder trennten die Geschlechter. Es gab ein Herrenbad, ein Damenbad und ein Familienbad. In dem Herrenbad badeten die Herren, im Damenbad die Damen und im Familienbad badeten die Mütter mit ihren Kindern. Die Preise im Herrenbad und im Damenbad betrugen bei einmaligem Baden für einen Erwachsenen dreißig Pfennige, für ein Kind zwanzig Pfennige und für einen Dienstboten fünfzehn Pfennige. Im Familienbad lagen die Preise aus nicht mehr feststellbaren Gründen etwas höher. Für das «einmalige Abreiben des Körpers» mußten zehn Pfennige an das Badepersonal entrichtet werden.

Niemandem war es gestattet, außerhalb dieser Bäder ins Wasser zu gehen. Erst nach dem Weltkrieg versuchten einzelne Kurgäste, von ihrem Strandkorb aus unmittelbar ins Wasser zu laufen. Die Gemeindeverwaltung erließ ein striktes Verbot. Jede Art von Freibaden, auch in der Nacht, verstoße gegen die guten Sitten und werde mit hohen Geldstrafen oder mit dem Entzug der Kurkarte und damit des Kuraufenthaltes belegt. Der

Bürgermeister stellte einen Strandpolizisten an, der Tag für Tag am Strand entlang lief, die Freibadenden aus dem Wasser herauspfiff, und sie zum Verhör und zur Bestrafung ins Gemeindehaus abführte. Nach fünf Jahren wurde er entlassen. Die Freibadesüchtigen hatten sich durchgesetzt. Der engmaschige Drahtzaun im Wasser verschwand, der Bretterzaun fiel, und die Bademeister verwandelten sich in freie Rettungsschwimmer.

In der dritten Periode setzte das Nacktbaden ein. Es wurde mit regulärer Polizei bekämpft, konnte aber ebenfalls in seiner Entwicklung nicht aufgehalten werden. Aus wenigen Nacktbadenden wurde im Laufe von zwei Jahrzehnten ein unter staatlicher Aufsicht und Kontrolle stehendes Heer von Freikörperkultur-Treibenden. In dieser Periode verfallen die Badeanstalten und werden nach und nach abgerissen.

Oberhalb des Strandes hinter den Dünen läuft die Strandpromenade vom Westen nach Osten, fünfzehn Meter breit, zum Meer hin abgeschirmt von einer Buchsbaumhecke, mit einem überaus schmalen «Trittoir», wie man es früher nannte, versehen mit einigen gartenähnlichen Ornamenten, mit einem Konzertpavillon, mit grün- oder weißgestrichenen Bänken, und in der ersten Periode mit Gas-, in der zweiten mit Glühbirnen-, in der dritten mit Neonlicht-Kandelabern geschmückt.

Diese Strandpromenade diente den Gästen zum Promenieren. Man promenierte nach dem Baden während der Teestunde und noch einmal nach dem Abendessen und vor dem abendlichen Vergnügen. Zum Zweck dieses Vergnügens liegen an der Strandpromenade neben drei-, vier- und fünfstök-kigen Villen einige Hotels, ein Kurhotel mit Kursaal und ein Café, das früher als sehr vornehm galt, nächtlichen Ausschweifungen diente und einen altgermanischen Namen trug, den es auch jetzt noch trägt, obwohl es inzwischen HO-Gaststätte geworden ist. In dem Kursaal gingen die Gäste zur «Reunion», in dem Café mit dem altgermanischen Namen setzten sie die Reunion gelockerter fort, und die Strandpromenade nahm sie erst wieder auf, wenn sie angetrunken oder betrunken ihren Hotelbetten oder den Strandkörben im Dämmerlicht des Morgens zueilten. Hotelbetten wie Strandkörbe dienten dem Liebesleben.

Geschichte der Gäste: Die Gäste der ersten Periode kamen mit Leibdienern und Leibkoch, mit Zofen und Kammerzofe, mit Leibkutscher und Kammerdiener, mit riesigen hängeschloßbe-schwerten Reisekörben, mit Reitpferden und Stalljungen, und die Einwohner bezeichneten sie als «die Herrschaften» und jeder Diener war ein herrschaftlicher Diener, jeder Kutscher ein herrschaftlicher Kutscher, und jeder Koch ein herrschaftlicher Koch. Sie nannten sich Hoheit, Graf, Herzog, Durchlaucht, Excellenz, Baron und kamen gemeinhin mit dem D-Zug an, der kurz vor Mittag auf dem kleinen Bahnhof einlief. Sie trugen Schnurr-, Backen-, Voll- und Spitzbärte, rauchten Zigarren auch beim Promenieren, gingen in Galauniform oder auch im Frack zur Reunion, spielten Tennis in knielangen Hosen, tranken Champagner, hörten sich als Experten kritisch das Spiel der wechselnden Militärkapellen an und ritten durch den Buchenwald bis zu Knuths Ruh, er kerzengerade und sie im langen Reitrock und im Damensattel. Unter ihnen befand sich zeitweise auch S. Majestät der Kaiser, der sich in der Meeresluft auf langen Spaziergängen von seiner Politik erholte und so oft zu einer bestimmten Anhöhe schritt, bis die Einwohner sie in Kaiser-Wilhelm-Höhe umtauften. Die Zahl der Gäste stieg in der ersten Periode schnell an und betrug:

1897	380
1902	2476
1906	5500
1910	7764
1912	8589

Diese Gäste waren leutselig, herablassend und so vornehm, daß die Einwohner des Ortes sich nur selten auf die Strandpromenade oder ans Meer wagten. Im August 1914 verließen sie panikartig den Ort und kamen nicht mehr zurück.

Die Gäste der zweiten Periode gingen glattra-
siert und reisten mit Autos an, die in keinen
Bretterschuppen paßten. Überstürzt bauten die
Einwohner des Ortes Garagen. Diese Gäste kamen
ohne oder nur selten mit Leibpersonal. Nur auf
den Chauffeur konnten sie nicht verzichten, und
wer keinen Chauffeur hatte, den nannte man verächtlich einen Herrenfahrer. Sie waren Geheim-
räte, Professoren, Doktoren, Kommerzienräte
und nur selten war ein General oder eine Hoheit
dazwischen. Sie rauchten weniger Zigarren, trugen
nur noch vereinzelt Monokel, hörten den Militär-
märschen der Kurkapelle skeptischer zu, liebten in
der Reunion den Tango, dann den Charleston, und
schließlich das, was sie die «Jazzerei» nannten, und
wurden im Laufe ihrer Periode immer ausgelasse-
ner. Viele von ihnen kamen nur zum Wochenende,
um ihre Frauen zu besuchen, was zur Intensivie-
rung des Liebeslebens im Ort beitrug. Sie lagen am
Vormittag in ihren Strandburgen unter schwarz-
weiß-roten Flaggen, schliefen am Nachmittag,
promenierten am Abend im Smoking, tanzten,
liebten am frühen Morgen und hätten gern zu den
Gästen gehört, die in der ersten Periode kamen.

Viele von ihnen kamen in der dritten Periode
nicht wieder, aber jene, die wiederkamen, nannten
sich nun Major, General, Hauptmann oder
Hauptsturmführer. Sie kamen nicht mit Chauffeur, sondern als Herrenfahrer, was nun nicht

mehr verächtlich war. Ihren ehemaligen Chauffeur trafen sie unter Umständen nachts in dem Café mit dem altgermanischen Namen wieder, nun ebenfalls Hauptsturmführer. Sie nannten das, was sie tranken, Sekt oder Champagner. Sie tanzten nicht mehr Charleston und lehnten die «Jazzerei» ab. Sie kehrten zum Tango, zum langsamen Walzer, zum Foxtrott zurück, und neu war für sie nur der Swing. Unter ihnen waren viele Berufe, die mit Staats- anfingen: Staatsräte, Staatssekretäre, Staatsintendanten, Staatsschauspieler und Staatsschauspielerinnen. Für Liebesspiele bevorzugten sie die Strandkörbe. Ihre Lebenslust zeigte seltsame Abarten. Einige von ihnen schossen nachts mit Revolvern in die Reifen der eigenen Autos oder in die Kronleuchter oder Spiegel der großen Hotels. Sie eilten im August–September 1939 panikartig davon, ein jeder zu seinem Corps, zu seiner Division, oder sonst wohin, und kamen nicht mehr zurück. Statt ihrer reisten Jahre später Urlauber an, die in Hosenträgern auf der Strandpromenade spazieren gingen, ihr eigenes Bettzeug mitbringen mußten, zu irgendwelchen Arbeitsbrigaden gehörten, abends Schulungsabende besuchten oder besuchen mußten und mit ihrem eigenen Glück nicht viel anzufangen wußten. Ihnen war das Meer verdächtig und nur der Wald vertraut, in dem sie Blaubeeren und Pilze sammelten, um sich ein Taschengeld zu verdienen. Sie tanzten wieder

Walzer, wie die Gäste der ersten Periode und lehnten die «Jazzerei» ab, wie die Gäste der dritten Periode.

Der Ort wurde in den drei Perioden zuerst als Adelsbad, dann als Bad des Kurfürstendamms, dann als exklusives Volksbad und schließlich als Bad des FDGB, des Freien Deutschen Gewerkschaftsbundes, bezeichnet.

Es hat sich seit jenem ersten Jahrzehnt der Gründung im Aussehen des Ortes nicht viel verändert. Der Anstrich der Häuser ist farbloser geworden, der Bürgersteig brüchig, und der Asphalt der Straßen ist mit Schlaglöchern durchsetzt. Fünf Kilometer entfernt läuft im Osten jetzt die polnische Grenze – stacheldrahtbewehrt, mit Wachtürmen und Wachsoldaten –, eine Freundschaftsgrenze. Die zahlreichen Ruderboote am Strand sind verschwunden und niemand darf mit Luftmatratzen ins Meer hinausschwimmen. Das Kriegerdenkmal ist noch immer das Kriegerdenkmal, und die Kurkapelle spielt wieder Militärmärsche, wenn es für die Erhaltung des Friedens notwendig ist. Nur die Häuser haben ihre Namen gewechselt: statt Seeblick, Meereswoge, Meeresstrand tragen sie jetzt Namen wie: «Heim der Intelligenz» oder «Heim der Brigade XYZ» oder «Haus der Völkerfreundschaft». Die Möwen haben durch den Wechsel der Zeiten nicht gelitten.

WALTER KÖSTER

Die wasserdichten Strümpfe

«Kinders, glaubt ihm nicht! Mein Kerl ist ein Erzschalk», sagte eines Abends die alte Frau Fischer Fank zu uns. «Guckt, was er wieder für Riffels um die Augen hat! – Vater, du lügst ja, ich sollte dich wohl kennen.»

Seitdem haben wir wahrhaftig immer nach den Augen und den Riffels geguckt, aber nicht weniger gern ihm zugehört.

Eines Tages hatte Fank viele Stunden im Wasser gestanden und gefischt. Paar Badegäste hatten es gesehen, und als er nun abends mit seiner Frau vor der Haustür auf der Bank saß und sein Pfeifchen schmauchte, kamen ein paar feine Damen:

«Wie halten Sie es nur aus, den ganzen Tag im Wasser zu stehen?»

«Tscha, das kommt wohl von den Stiefeln», sagte Fank, «die gehn mir doch bis an den Bauch.»

«Halten sie so dicht? Auch die besten Stiefel schlagen durch?»

«Ich hab ja noch wasserdichte Strümpfe an.»

«Wasserdichte Strümpfe? Perlon oder Nylon?»

«Was heißt Perlong? Was Neilong?»

«Oder gar Wolle? Erzählen Sie! Das interessiert uns sehr.»

22

«Tscha, meine Damens, eigentlich ist das bloß was für uns Fischers. Erst müssen Sie mir versprechen, daß Sie dichthalten wollen.»

«Wir verraten nichts, Herr Fank.»

«Man gut», sagte Fank und guckte sinnig in den Rauch von seiner Pfeife, «um diese Zeit, wenn die letzten Erbsen so blühen tun, dann besorgen wir uns immer die wasserdichten Strümpfe. Is aber ne lange Geschichte, das sag ich vorweg.»

«Je länger, je besser», meinte eine von den kleinen Damen, «wir haben nichts weiter vor.»

«Denn meinetwegen. Um diese Zeit passen wir ja immer auf die Aale. Die gehn nämlich an Land und wollen naschen von den ersten süßen Erbsen. – Der Mond muß'n bißchen scheinen, und kein Wort darf'n snacken. Denn trödeln wir leise, ganz leise an'n Strand lang, bis wir dahin kommen, wo son Erbsenschlag nich weit ab is. Das dauert gar nich lang, denn sehn wir schon, wie die Aals leckrig aus dem Wasser nach den süßen Erbsen hinschulen tun. Ja, wir hören sogar, wie sie mit ihren kleinen Nasen nach dem Feld hin schnubbern.

Zuletzt kommen sie nu aus'm Wasser. Na – denn geht ja das Greifen los. Wenn ein Aal uns dicht an'n Bein langsslängelt, denn – paß auf – greifen wir zu, un wenn das Glück gut is, denn halten wir'n in'n Fingern. Das heißt, was'n Schlappschwanz is, der schmeißt'n gleich wieder runter.

Diese Biester fangen nämlich an zu schnauben un weisen ihre Zähne! Wir kehren uns nich dran, straken un tüßten ihn un gehn mit ihm dicht an den Erbsenschlag. Dort wird ein richtiger Pahl eingerammt. Der Aal kriegt ne Schleife um den schmierigen Hals un wird getüdert.»

«Aber das hat doch noch niemand gesehen, Herr Fank.»

«Nee, sicherlich nicht, mein Frollein. Is doch'n Fischerkniff, verstehen Sie? Un eigentlich darf ich's Ihnen gar nich erzählen – schon wegen's Verrufen! Nachher klappt es womöglich gar nich mehr.

Aber das glauben Sie man, wenn das Wetter gut is und die Erbsen so richtig fett sind, dann nimmt sich so'n Aal in paar Nächten soviel dazu, daß er die richtige Dicke kriegt. Armdick muß er sein. Wenn er dann so vollgefressen ins nasse Gras liegt un pusten tut wie ne Nudelgans, denn so schleichen wir uns leisig ran un – kille, kille – kitzeln wir'n an seinen ollen schleimigen Schwanz. Das ist der größte Hopphei bei der Sache. Aals sind nämlich kitzelig. Ein-, zwei-, dreimal mallt er wie doll um den Tüderpahl – dann gibt'sn leisen Knack – und heidi – fährt er aus der Haut, haut ab und geht nackt un blank wieder in See.»

«Als Blankaal, von denen Sie heute morgen sprachen?»

«Recht, mein Frollein, gut behalten! Man kann

Ihnen solche Sachen wirklich erzählen. – Die Haut liegt nu da. Wir sammeln sie auf und ziehen ihr über die Beine. S'muß aber fix gehen, nur diesen Augenblick reckt sich die Pelle. Sonst sollten wir's wohl lassen, uns ne armdicke Aalhaut über die strammen Waden zu ziehen.»

«Das sind dann die wasserdichten Strümpfe?»

Fank schmökte seine Pfeife und guckte in den Rauch. «Das sind sie. Aber nun halten Sie dicht, wie Sie's versprochen haben, un verraten Sie mich nich.»

«Gewiß nicht, Herr Fank. Und schönen Dank für die Belehrung!»

Damit zogen sie los. Mutter Fank aber guckte ihrem Kerl verstohlen ins Gesicht. Wahrhaftig, da standen lauter feine Riffels um die Augen.

«Vater, Vater» sagte sie.

«Tscha, Mutter», meinte der Alte, «was hast du wieder? Die Leute wollen das so. Ich weiß manches Mal wirklich nicht, was ich ihnen vorlügen soll.»

FRIEDRICH RÜCKERT

Die Mönche auf Usedom

Es war ein Kloster Grabow im Lande Usedom,
Das nährte Gott vorzeiten aus seiner Gnade
Strom,
Es schwammen an der Küste, daß es die Nahrung
sei
Den Mönchen in dem Kloster, jährlich zwei Fisch
herbei.
Sie hätten sich sollen begnügen!

Zwei Störe, groß gewaltig. Dabei war das Gesetz,
Daß jährlich sie den einen fingen davon im Netz.
Der andre schwamm von dannen bis auf das andre
Jahr;
Da bracht' er einen neuen Gesellen mit sich dar.
Sie hätten sich sollen begnügen!

Einst kamen zwei so große in einem Jahr herbei,
Schwer ward die Wahl den Mönchen, welcher zu
fangen sei.
Sie fingen alle beide. Den Lohn man da erwarb,
Daß sich das ganze Kloster den Magen dran ver-
darb.
Sie hätten sich sollen begnügen!

Der Schaden war der kleinste, der größte kam
  nachher:
Es kam nun gar zum Kloster kein Fisch ge-
  schwommen mehr.
Sie hat so lange gnädig gespeiset Gottes Huld.
Daß sie nun sind es ledig, ist ihre eigne Schuld.
Sie hätten sich sollen begnügen!

ARTHUR BRAUSEWETTER

Der erste Lorbeer

Jeder Künstler träumt seinen eigenen Traum. Viktor Wittemann träumte ihn auch. Ein Wunsch
zehrte an seiner Künstlerseele, eine still und heiß
brennende Sehnsucht, die seine ganze, lange
Schauspielerlaufbahn nie erfüllt hatte: Einmal einen Lorbeerkranz mit Schleife und Widmung zu
erhalten. Einen wirklichen – nicht den üblichen,
den gefällige Freunde seinen Kollegen zu Füßen
warfen oder den sie sich selber bestellten. So billige
Lorbeeren hätte er längst haben können. Sein Fein-
gefühl hätte sie verachtet.

Aber einmal einen Lorbeer, von wahrer, war-
mer Begeisterung gewunden, einen Lorbeer, nicht
auf Bestellung, sondern aus dem Drange eines

edlen Herzens ihm dargebracht. Er erinnerte sich eines Kollegen. Der hatte mit seinem Fiesko und Hamlet die Prima eines Gymnasiums so entflammt, daß sie ihm von ihrem Taschengelde einen wundervollen Lorbeerkranz stiftete mit einer langen, himmelblauen Atlasschleife daran. «Dem genialen Hamlet die begeisterte Prima», stand mit silbernen Buchstaben darauf. Und der Kollege, der heute ein berühmter Staatsschauspieler war, hatte den Kranz aus allen anderen herausgenommen, und als er vor die Rampe trat, ihn an sein Herz gedrückt und gesagt: «Von der Jugend!» Seine Augen hatten geleuchtet. Und er, Viktor Wittemann, hatte dabeigestanden und bei sich gedacht: «Einen solchen Augenblick – ein einziges Mal! Und dann sterben!»

Gewiß hatte er noch nicht die rechte Rolle gefunden. Aber auch seine Stunde würde kommen – vielleicht bald. Der erste Lorbeer sollte nicht seinen Sarg schmücken.

Fünfundzwanzig Jahre war er nun an der Bühne, und der ihm wohlgesinnte Intendant beschloß, ihm einen Ehrenabend zu bewilligen, für den er sich selber die Rolle wählen durfte. Nach langer Überlegung erbat er, trotz der Bedenken des Intendanten, den Wurm in «Kabale und Liebe», den er noch nie gespielt und der ihm besonders «lag».

Es war ein sehr heißer Tag. Aber die wenigen,

meist der Jugend angehörigen Zuschauer klatsch-
ten ihm begeisterten Beifall.

Auch die üblichen Gaben blieben nicht aus: ein
in gelbe Nelken gehüllter Karton mit einem Paar
extrafeiner Handschuhe von einer Verehrerin, eine
neue Fausterklärung von ihrem Vater, ein viertel
Dutzend Batisttaschentücher nebst einem Rosen-
strauß von der Hotelwirtin, bei der er zu Mittag
aß, eine Kiste Hamburger Zigarren von seinem Lieferanten – einen Lorbeerkranz erhielt er
nicht ...

Am nächsten Morgen machte Viktor Wittemann
seinen gewohnten Spaziergang auf der Strandpromenade. Groß und klar lag vor ihm das Meer wie
Verheißung der Ewigkeit, warme Sonnenlichter
spielten über seine weithin blaue Fläche. Da über-
kam es ihn wie ein unwiderstehlicher Drang, ein
Bad zu nehmen. Er löste eine Karte und betrat das
vornehm ausgestattete Familienbad.

Aber was war das?

Sämtliche Badejungen in ihren blauweißen Kit-
teln bildeten bei seinem Eintritt feierlich Spalier,
mehrere Herren, ganz oder halb oder gar nicht
angezogen, blickten ihm mit größter Aufmerksamkeit entgegen. Jetzt stürzte auch der Bademeister aus seinem Verschlag, auf seinem wetterge-
bräunten Gesicht lag dieselbe Spannung.

Der Mime kannte den Mann, er gehörte zu
seinen alten Verehrern. Erst zu seinem Ehren-

abend hatte er mit seiner Frau in der ersten Reihe des Sperrsitzes gesessen.

Aber was hielt der Bademeister denn da, halb hinter dem breiten Rücken verborgen, in seiner Hand? War es ein Truggebilde, das seine erregte Phantasie ihm vorspiegelte? Oder erfüllte sich sein Traum? War es wirklich ein Lorbeerkranz, kleiner wohl und bescheidener, als sie es sonst zu sein pflegen? Aber ein Lorbeer doch mit einer himmelblauen Schleife und silbernen Lettern darauf, gerade so wie sie damals der gefeierte Hamletdarsteller an sein Herz gedrückt? War seine Stunde gekommen? Endlich gekommen? War es die spontane, begeisterte Huldigung aus dem Volke, auf die er stets den größten Wert gelegt?

Endlich fand er Worte. «Sie sahen meinen Wurm, lieber Freund, und Sie bringen mir Ihren Dank.»

Da zog ein gutes, breites Lächeln über die wetterfesten Züge. «Wurmen ... Nee, Wurmen nich. Aber Sie sind man der Zehntausendste!»

Und er wies auf die himmelblaue Atlasschleife.

Die silbernen Lettern tanzten vor Viktor Wittemanns Augen. Und er las: «Dem zehntausendsten Badegast die Badedirektion.»

Nun trat auch ein hübscher, blonder Badejunge hinzu und brachte ihm eine weite, weiße Schwimmhose, auf der mit roten Zahlen 10 000 stand.

Viktor Wittemann nahm den Lorbeer mit der Widmung und hängte ihn an einen Nagel in seiner Badezelle. Und in der Schwimmhose mit der Zahl 10 000 schwamm er in das klare Wasser ... weit, weit hinaus.

THEODOR FONTANE

Die Stadt, ihre Bewohner und ihre Honoratioren

Swinemünde war, als wir Sommer 1827 dort einzogen, ein unschönes Nest, aber zugleich auch wieder ein Ort von ganz besonderem Reiz, dabei aller Unbelebtheit der Mehrzahl seiner Straßen zum Trotz von jener eigentümlichen Lebendigkeit, die Handel und Schiffahrt geben. Es kam, um so oder so, um günstig oder ungünstig zu urteilen, ganz darauf an, an welche Stelle der Stadt man sich stellte. Wählte man als Beobachtungsposten den schon mehr erwähnten Kirchenplatz, zu dessen einschließenden Häusern auch unsere Apotheke gehörte, so ließ sich, obschon hier die Hauptstraße vorüberführte, wenig Gutes sagen, gab man aber die Innenstadt auf und begab sich an den «Strom», wie die Swine regelmäßig genannt wurde, so verkehrte sich die bis dahin ungünstige Meinung in ihr

Gegenteil. Hier am Strome nämlich lief auf fast eine Viertelmeile Wegs das «Bollwerk» hin, eine Uferstraße, wie sie nicht poetischer gedacht werden konnte. Gerade daß hier alles nur ein Mittelmaß hielt und nirgends an das Große der wirklich großen Handelsemporien erinnerte, gerade dies Mittelmaß der Dinge lieh allem etwas überaus Anheimelndes, gegen das sich nur ein Griesgram oder eine für die Zauber von Form und Farbe ganz unempfindliche Natur verschließen konnte. Freilich war auch diese Bollwerkstraße nicht an jeder Stelle dieselbe, ließ sogar, namentlich flußaufwärts, manches zu wünschen übrig, von dem Punkt an jedoch, wo eine an unserer Hausecke beginnende Querstraße rechtwinkelig einmündete, konnte man sich, dem Laufe des Flusses folgend, Schritt für Schritt an den sich darbietenden Bildern erquicken. Hier liefen nämlich vom abgeschrägten Ufer aus mal kleinere, mal größere Bretterflöße bis in den Strom hinein, schwimmende Bänke, darauf man von frühmorgens an die Mädchen wäschespülend bei der Arbeit sah, immer in heiterer Unterhaltung untereinander oder mit den Schiffsleuten, die, behaglich über die Bollwerkbrüstung gelehnt, ihnen zusahen. Diese mit ihrer Staffage höchst malerisch wirkenden Flöße hießen «Klappen» und dienten besonders den Fremden und Badegästen zu besserer Ortsbezeichnung und Orientierung. Er wohnt an «Klempins

Klapp» oder gegenüber von «Jahnkes Klapp». Zwischen diesen verschiedenen Flößen beziehungsweise Waschbänken zog sich immer ein bestimmt abgegrenztes Stück Bollwerkwandung, und hier lag die Mehrzahl der Schiffe, winters oft in drei, vier Reihen hintereinander. Die Bemannung fehlte um diese Zeit, und nur ein aus dem Küchenrohr aufsteigender Rauch oder noch häufiger ein auf einem kleinen Berge von Segeltuch, wenn nicht auf seiner Hütte sitzender und die Vorübergehenden anblaffender Spitz gab Zeugnis davon, daß die Schiffsräume nicht ganz ohne Bewachung seien. War dann im Frühling die Swine wieder eisfrei, so begann sich alsbald alles wie mit Zauberschlag zu beleben, und das Treiben am Strom hin zeigte, daß die Zeit zur Ausfahrt wieder nahe sei. Dann wurde der Schiffskörper auf die Seite gelegt, um ihn auf etwaige Schäden hin besser untersuchen zu können, und waren diese gefunden, so sah man, am anderen Tage schon, an der betreffenden Bollwerkstelle kleine, mit Holzspänen und zerfaserten alten Tauenden unterhaltene Feuer, in deren Mitte das Pech in eisernen Grapen brodelte. Ganze Haufen von Werg daneben. Und nun begann der Prozeß des Kalfaterns. Kam dann Mittagszeit heran, so wurde noch eine Pfanne mit Kartoffeln und Speckstücken in die Glut geschoben, und viele, viele Male, wenn ich um diese Stunde hier meines Weges zog, sog ich begierig den

appetitlichen Qualm ein, an dem mich der Pech-
beisatz nicht im mindesten störte. Noch jetzt
nähre ich mich, oder doch wenigstens meine Ner-
ven, mit Vorliebe von dem Erdpechqualm, der
mitunter durch unsere neu zu asphaltierenden Berliner Straßen zieht.

Um die Frühjahrs- und Sommerzeit setzte sich
dann auch der mitten im Strome liegende englische
Dampfbagger wieder in Tätigkeit, dem es oblag,
das Fahrwasser zu verbessern, und dessen aus der
Tiefe heraufgeholte Erd- und Schlickmassen an
einer flachen Stelle des Stromes ausgeschüttet und
aufgetürmt wurden, um hier eine künstliche Insel
entstehen zu lassen. Ein paar Jahre später stand sie
schon hoch in Rohr und Schilf und trägt jetzt
wahrscheinlich Häuser und Etablissements der
Marinestation, allen denen, die das erste Drittel
des Jahrhunderts noch gesehen, den Wechsel der
Zeiten und das Wachsen unserer Machtstellung
bezeugend.

Halbe Stunden lang sah ich, wenn ich konnte,
der Arbeit des englischen Baggers zu, dessen Inge-
nieur, ein alter Schotte namens Macdonald, mein
besonderer Gönner war. Daß ich, ein Menschenal-
ter später, seinen schottischen Clan bereisen und
auf der Insel Icolmskill, unter Führung eines Macdonald, an die Stelle treten würde, wo nach alter
Annahme König Macbeth begraben liegt – wer mir
das damals gesagt hätte!

Und wie dem Baggern, so sah ich auch dem Anlegen der Schiffe zu, wenn diese von weiten Fahrten heimkamen, einzelne (wie die «Königin Luise», ein Seehandlungsschiff) von ihren Reisen um die Erde, was damals noch etwas bedeutete. Mein Hauptschiff aber war der «Mentor», von dem es hieß, daß er einen Kampf mit chinesischen Seeräubern siegreich bestanden habe. Die Seeräuber führten ein langrohriges Metallgeschütz mit sich, das besser schoß als die rohen, gußeisernen Kanonen, von denen der «Mentor» etliche an Bord hatte. Dazu war das Piratenboot viel schneller, und so kam denn unser Swinemünder Kauffahrer alsbald in eine schlimme Lage. Der Kapitän aber wußte sich zu helfen. Er ließ all seine großen Böller an die eine Seite des Schiffes schaffen und mäßigte jetzt die Fahrt absichtlich, um den Verfolgern das Näherkommen leichter zu machen. Und nun war ihr Boot auch wirklich heran, und die Piraten trafen schon Anstalt, von der einen Seite her das Schiff zu ersteigen. Da gab der Mentor-Kapitän das verabredete Zeichen, und mit aller Kraft und Schnelligkeit rollten jetzt die Böller von der einen Schiffsseite nach der andern hinüber und schlugen, durch die dünne Wandung hindurch, auf das unten haltende, schon siegessichere Boot, das nun, von der Wucht der schweren eisernen Kanonen in Stücke gebrochen, mit Mann und Maus zugrunde ging.

Solche Geschichten waren immer in der Luft und knüpften nicht bloß an die Schiffe, sondern gelegentlich auch an die Häuser an, die den Schiffen gegenüber an der anderen Seite des Bollwerks lagen. Weiter flußabwärts aber verloren sowohl diese Häuser wie die Geschichten ihren Reiz, bis, erst ganz am Ende der Stadt wieder, ein etwas zurückgelegenes, großes Gebäude das Interesse noch einmal in Anspruch nahm. Dies war das erst seit kurzem errichtete «Gesellschaftshaus», das nicht bloß den Vereinigungsplatz für die Badegäste, sondern, solange die Saison anhielt, auch für die städtischen Honoratioren bildete, von denen vielleicht keiner öfter hier zur Stelle war als mein Vater. Dieser häufige Besuch galt nun freilich nicht eigentlich dem «Gesellschaftshause» selbst, am wenigsten den darin zur Aufführung kommenden Konzerten und Theaterstücken, der gelegentlich stattfindenden Bälle ganz zu schweigen – nein, was ihn anzog und mitunter schon zur Frühschoppenzeit hinausführte, das war ein dicht neben dem Gesellschaftshause stehender Pavillon, darin ein mit untadeligem blauen Frack und Goldknöpfen angetaner alter Major von historischem Namen unter affabelsten Manieren eine kleine Bank auflegte. Diese war nur allzuoft das Wanderziel meines Vaters, der, wenn er ein Erkleckliches dort verloren und den pot des Bankhalters entsprechend bereichert hatte, statt verstimmt darüber zu sein, nur einfach den Schluß zog, daß das Bankhalten ein einen sicheren Gewinn abwerfendes Geschäft und der alte Major mit dem hohen weißen Halstuch und der Brillantnadel ein überaus beneidens- und vor allem auch sehr nachahmenswerter Mann sei. Bei solcher Existenz habe man was vom Leben. Dergleichen sprach er dann auch aus, wenn er nach Hause kam und sich verspätet zu Tische setzte. Einmal geschah es in Gegenwart einer Schwester meiner Mutter, einer eben erst verheirateten jungen Frau, die während der Badezeit auf Besuch bei uns weilte.

«Das wirst du doch nicht tun, Louis», antwortete sie auf seine Auseinandersetzungen.

«Warum nicht?»

«Weil es keine Ehre hat.»

«Hm, Ehre», warf er hin und trommelte mit den Fingern auf dem Tisch.

Aber er hatte doch nicht den Mut, es zu bestreiten, und sah nur weg und stand auf.

Die Stadt war sehr häßlich und sehr hübsch, und ein gleicher Gegensatz sprach sich auch, wenigstens auf die moralischen Qualitäten hin angesehen, in ihrer Bevölkerung aus. Es gab hier, wie immer in Seestädten, eine breite, tagaus, tagein unter Rum und Arrak stehende, zugleich den Grundstock der Gesamteinwohnerschaft ausmachende Volksschicht, daneben aber, ebenfalls nach allgemein seestädtischem Vorbild, eine geistig durchaus höher potenzierte Gesellschaft, die jedenfalls weit über das hinauswuchs, was man damals in den von engsten Philisteranschauungen beherrschten kleinen Städten der Binnenprovinzen, namentlich auch unserer Mark, anzutreffen pflegte. Daß die Bewohnerschaft allem Spießbürgertum so durchaus fremd war, hatte sicher in manchem seinen Grund, vorwiegend aber wohl darin, daß die gesamte Bevölkerung von ausgesprochen internationalem Charakter war. In den umliegenden großen und reichen Dörfern wohnten vielleicht noch wendisch-pommersche Autochthonen aus den Tagen von Julin und Vineta her, in Swinemünde selbst aber, zumal in der Oberschicht der Bewohnerschaft, war alles derart durcheinandergewürfelt, daß man den Repräsentanten aller nordeuropäischen Völker daselbst begegnete, Schweden, Dänen, Holländern, Schotten, die hier früher oder später hängengeblieben waren, die meisten wohl zu Beginn des Jahrhunderts, zu welcher Zeit die bis dahin sehr unbedeutende Stadt überhaupt erst einen Aufschwung genommen hatte.

Die Zahl der Einwohner war, als wir daselbst eintrafen, gegen viertausend, wovon aber kaum der zehnte Teil städtisch-bürgerlich und ein noch viel, viel kleinerer Bruchteil gesellschaftlich in Betracht kam. Was man mit mehr oder weniger Fug

und Recht «Gesellschaft» nennen konnte, bestand
aus nicht mehr als zwanzig Familien. Diese zwanzig bildeten (auch ein paar von Adel aus der Umge-
gend kamen des weiteren hinzu) eine sich im Olt-
hoffschen Saale versammelnde «Ressource», zu
der noch, wie zur Gesellschaft überhaupt, der
Anhang oder die Gefolgschaft einiger der reichsten
und angesehensten Häuser gehörte. Diese halb aus
armen Verwandten und halb aus heruntergekom-
menen Kaufleuten bestehende Klientel wurde
nicht immer, aber doch jedesmal zu den größeren,
auf starke Wirkungen berechneten Gastereien mit
herangezogen, um hier während der zweiten Ta-
felhälfte – die erste tat sich meist durch bemerkenswert gute Haltung hervor – das über sich ergehn zu
lassen, was die Engländer practical jokes nennen.
Trat dieser Zeitpunkt ein, so lösten sich alle Bande
frommer Scheu, und man schritt nun zu den ge-
wagtesten Experimenten, über die zu berichten die
Feder sich sträubt. Einmal kam es vor, daß einem
dieser Unglücklichen, unglücklich, weil er arm
und abhängig, ein Backzahn mit der ersten besten
Zange ausgezogen wurde, woraus man aber nicht
schließen wolle, daß diejenigen, die dies vornah-
men, überhaupt rohe Menschen gewesen wären.
Nur der zu jener Zeit, zumal wenn die Weinlaune
hinzukam, sich gern geltend machende gesell-
schaftliche Übermut glaubte sich dergleichen erlauben zu dürfen. In reichen und vornehmen Häu-

39

sern auf dem Lande ging man gelegentlich noch um einen guten Schritt weiter, worüber ich anderenorts ausführlicher berichtet habe.

Vineta

Eine Sage

An der nordöstlichen Küste der Insel Usedom sieht man häufig bei stillem Wetter in der See die Trümmer einer alten, großen Stadt. Es hat dort die einst weltberühmte Stadt Vineta gelegen, die schon vor tausend und mehr Jahren wegen ihrer Laster und Wollust ein schreckliches Ende genommen hat. Diese Stadt ist größer gewesen als irgendeine andere Stadt in Europa, selbst als die große und schöne Stadt Konstantinopel, und es haben darin allerlei Völker gewohnt, Griechen, Slawen, Wenden, Sachsen und noch vielerlei andere Stämme. Die hatten allda jedes ihre besondere Religion; nur die Sachsen, welche Christen waren, durften ihr Christentum nicht öffentlich bekennen, denn nur die heidnischen Götzen genossen eine öffentliche Verehrung. Ungeachtet solcher Abgötterei waren die Bewohner Vinetas aber ehrbar und züchtig von Sitten, und in Gastfreundschaft und Höflichkeit gegen Fremde hatten sie ihresgleichen nicht.

Die Einwohner trieben einen überaus großen Handel; ihre Läden waren angefüllt mit den seltensten und kostbarsten Waren, und es kamen jahrein, jahraus Schiffe und Kaufleute aus allen Gegenden und aus den entferntesten und entlegensten Enden der Welt dahin. Deshalb war denn auch in der Stadt ein über die Maßen großer Reichtum und das seltsamste und lustigste Leben, das man sich nur denken kann. Die Bewohner Vinetas waren so reich, daß die Stadttore aus Erz und Glockengut, die Glocken aber aus Silber gemacht waren; und das Silber war überhaupt so gemein in der Stadt, daß man es zu den gewöhnlichsten Dingen gebrauchte und daß die Kinder auf den Straßen mit harten Talern sollen gespielt haben. Solcher Reichtum und das abgöttische Wesen der Heiden brachten aber am Ende die schöne und große Stadt ins Verderben. Denn nachdem sie den höchsten Gipfel ihres Glanzes und ihres Reichtums erreicht hatte, gerieten ihre Einwohner in große bürgerliche Uneinigkeit. Jedes von den verschiedenen Völkern wollte vor dem anderen den Vorzug haben, worüber heftige Kämpfe entstanden. Zu diesen riefen die einen die Schweden und die andern die Dänen zu Hilfe, die auf solchen Aufruf, um gute Beute zu machen, schleunig aufbrachen und die mächtige Stadt Vineta bis auf den Grund zerstörten und ihre Reichtümer mit sich nahmen. Dieses soll geschehen sein zu den Zeiten des großen Kaisers Karl.

Andere sagen, die Stadt sei nicht von den Feinden erobert und zerstört, sondern auf andere Weise untergegangen. Denn nachdem die Einwohner so überaus reich geworden waren, da verfielen sie in die Laster der größten Wollust und Üppigkeit, also daß die Eltern aus reiner Wollust die Kinder mit Semmeln wischten. Dafür traf sie denn der gerechte Zorn Gottes, und die üppige Stadt wurde urplötzlich von dem Ungestüm des Meeres zugrunde gerichtet und von den Wellen verschlungen. Darauf kamen die Schweden von Gotland her mit vielen Schiffen und holten fort, was sie von den Reichtümern der Stadt aus dem Meere herausfischen konnten; sie bargen eine Unmasse von Gold, Silber, Erz und Zinn und von dem herrlichsten Marmor. Auch die eheren Stadttore fanden sie ganz; die nahmen sie mit nach Wisby auf Gotland, wohin sich auch von nun an der Handel Vinetas zog.

Die Stelle, wo die Stadt gestanden, kann man noch heutigentages sehen. Wenn man nämlich von Wolgast über die Peene in das Land zu Usedom ziehen will und gegen das Dorf Damerow, zwei Meilen von Wolgast, gelangt, so erblickt man bei stiller See bis tief, wohl eine Viertelmeile in das Wasser hinein eine große Menge großer Steine, marmorner Säulen und Fundamente. Das sind die Trümmer der versunkenen Stadt Vineta. Sie liegen in der Länge, von Morgen nach Abend. Die ehemaligen Straßen und Gassen sind mit kleinen Kieselsteinen ausgelegt; größere Steine zeigen an, wo die Ecken der Straßen gewesen und die Fundamente der Häuser gestanden haben. Einige davon sind so groß und hoch, daß sie ellenhoch aus dem Wasser hervorragen; allda haben die Tempel und Rathäuser gestanden. Andere liegen noch ganz in der Ordnung, wie man Grundsteine zu Gebäuden zu legen pflegt, so daß noch neue Häuser haben erbaut werden sollen, als die Stadt vom Wasser worden verschlungen ist.

Wie weit die Stadt der Länge nach sich in das Meer hinein erstreckt hat, kann man nicht mehr sehen, weil der Grund abschüssig ist, das Steinpflaster daher je weiter, desto tiefer in das Meer hineingeht, auch zuletzt so übermoost und mit Sand bedeckt ist, daß man es bis zu seinem Ende hin nicht verfolgen kann. Die Breite der Stadt ist aber größer als die von Stralsund und Rostock und ungefähr wie die von Lübeck.

In der versunkenen Stadt ist noch immer ein wundersames Leben. Wenn das Wasser ganz still ist, so sieht man oft unten im Grunde des Meeres in den Trümmern ganz wunderbare Bilder. Große, seltsame Gestalten wandeln dann in den Straßen auf und ab, in langen faltigen Kleidern. Oft sitzen sie auch in goldenen Wagen oder auf großen schwarzen Pferden. Manchmal gehen sie fröhlich und geschäftig einher; manchmal bewegen sie sich in langsamen Trauerzügen, und man sieht dann, wie sie einen Sarg zu Grabe geleiten.

Die silbernen Glocken der Stadt kann man noch jeden Abend, wenn kein Sturm auf der See ist, hören, wie sie tief unter den Wellen die Vesper läuten. Und am Ostermorgen, denn vom stillen Freitage bis zum Ostermorgen soll der Untergang von Vineta gedauert haben, kann man die ganze Stadt sehen, wie sie früher gewesen ist; sie steigt dann als ein warnendes Schattenbild, zur Strafe für ihre Abgötterei und Üppigkeit, mit allen ihren Häusern, Kirchen, Toren, Brücken und Trümmern aus dem Wasser hervor, und man sieht sie deutlich über den Wellen. – Wenn es aber Nacht oder stürmisches Wetter ist, dann darf kein Mensch und kein Schiff sich den Trümmern der alten Stadt nahen. Ohne Gnade wird das Schiff an die Felsen geworfen, an denen es rettungslos zerschellt, und keiner, der darin gewesen, kann aus den Wellen sein Leben erretten.

Von dem in der Nähe gelegenen Dorfe Loddin führt noch jetzt ein alter Weg zu den Trümmern, den die Leute in Loddin von alten Zeiten her «den Landweg nach Vineta» nennen.

SELMA LAGERLÖF

Die Stadt auf dem Meeresgrunde

Als Herr Ermenrich sich auf die Erde hinabsinken
ließ und anhielt, war es dem Jungen, als sei erst eine
unbegreiflich kurze Zeit vergangen; und doch
hatte der Storch einen ganz bedeutenden Weg
zurückgelegt, denn in demselben Augenblick, wo
er den Jungen auf die Erde setzte, sagte er: «Dies ist
Pommern. Jetzt bist du in Deutschland, Däumling.» Der Junge war über die Nachricht, daß er
sich in einem fremden Lande befinde, ganz ver-
dutzt. Das hätte er nie gedacht. Schnell sah er sich
um. Er stand auf einem einsamen, mit weichem,
feinem Sand bedeckten Meeresstrand. Auf der
Landseite lief eine lange Reihe, oben mit Strandhafer bewachsener Dünenhügel hin, die zwar nicht
sehr hoch waren, dem Jungen aber die Aussicht ins
Land hinein völlig versperrten.

Herr Ermenrich stieg auf einen Sandhügel hinauf, zog das eine Bein in die Höhe und legte den
Hals zurück, um den Schnabel unter die Flügel zu
stecken. «Während ich mich ausruhe, kannst du
eine Weile am Strande umherwandern», sagte er zu
Däumling. «Aber verlaufe dich nicht, damit du
mich wiederfinden kannst.»

Der Junge wollte zuerst einen Dünenhügel erklettern, um zu sehen, wie das Land dahinter aussehe. Aber kaum hatte er ein paar Schritte gemacht, als er mit der Spitze seines Holzschuhs an etwas Hartes stieß. Er bückte sich, und da sah er auf dem Sande eine kleine, von Grünspan durch und durch zerfressene dünne Kupfermünze. Sie war so schlecht, daß sie ihn nicht einmal des Aufhebens wert deuchte, und er schleuderte sie mit dem Fuße weg.

Aber als sich der Junge wieder aufrichtete, wie grenzenlos überrascht war er da! Keine zwei Schritte vor ihm erhob sich eine dunkle Mauer mit einem großen turmgekrönten Tor.

Vor einem Augenblick, als er sich nach der Münze bückte, hatte sich das Meer noch glänzend und glitzernd vor ihm ausgebreitet, jetzt aber war es durch eine lange Mauer mit Zinnen und Türmen verdeckt. Und gerade vor dem Jungen, wo vorher nur einige Tangbänke gewesen waren, öffnete sich das große Tor in der Mauer.

Der Junge war sich ganz klar darüber, daß dies eine Art Geisterspuk sein mußte. Aber er dachte, davor brauche er sich wahrlich nicht zu fürchten. Was er sah, war ja gar nicht unheimlich oder grauenhaft. Die Mauern und Türme waren prächtig gebaut, und jetzt regte sich auch gleich der Wunsch in ihm, zu sehen, was dahinter sei. «Ich muß untersuchen, was das ist», dachte er, und damit ging er durchs Tor.

Unter dem kleinen Torgewölbe saßen in bunten, gepufften Anzügen, langstielige Streitäxte neben sich, die Wächter und spielten Würfel. Sie waren ganz in ihr Spiel vertieft und gaben nicht auf den Jungen acht, der hastig an ihnen vorbeieilte.

Dicht am Tor war ein freier, mit glatten Steinfliesen gepflasterter Platz. Ringsum standen hohe, prachtvolle Häuser, und zwischen diesen öffneten sich lange, schmale Straßen.

Auf dem Platz vor dem Tor wimmelte es von Menschen. Die Männer trugen lange, pelzverbrämte Mäntel über seidenen Unterkleidern, federngeschmückte Barette saßen ihnen schräg auf dem Scheitel, und über die Brust herunter hingen ihnen wunderschöne Ketten. Alle waren herrlich gekleidet, es hätten lauter Fürsten sein können.

Die Frauen trugen spitze Hauben und lange Gewänder mit engen Ärmeln. Die waren auch prächtig geschmückt, aber ihr Staat konnte sich bei weitem nicht mit dem der Männer messen.

Dies alles glich ja ganz den Bildern in dem alten Märchenbuch, das Mutter ab und zu einmal aus ihrer Truhe holte und ihm zeigte. Der Junge wollte seinen Augen nicht trauen.

Aber noch viel merkwürdiger als die Männer und die Frauen war die Stadt selbst. Jedes Haus hatte einen Giebel nach der Straße zu, und diese Giebel waren so reich verziert, daß man hätte glauben können, sie wollten miteinander wetteifern, welcher von ihnen am schönsten geschmückt sei.

Wer rasch viel Neues zu sehen bekommt, kann sich nachher nicht mehr an alles erinnern. Aber der Junge erinnerte sich später doch noch, daß er ausgezackte Giebel gesehen hatte, auf deren verschiedenen Absätzen die Figuren von Christus und den Aposteln standen, Giebel, die an beiden Seiten hinauf mit Figuren geschmückte Nischen hatten, dann wieder solche, die mit buntem Glas oder mit weißem und schwarzem Marmor eingelegt waren und die ihm gewürfelt und gestreift entgegenschimmerten.

Doch während der Junge alles dies bewunderte, wurde er von einer ihm selbst unbegreiflichen Hast überfallen. «So etwas haben meine Augen noch nie gesehen. So etwas werde ich meiner Lebtage nicht wieder sehen», sagte er sich. Und er begann in die Stadt hineinzulaufen, Straße auf, Straße ab, ohne anzuhalten. Die Straßen waren eng und schmal, aber durchaus nicht leer und düster wie in den Städten, die er bis jetzt gesehen hatte. Überall waren Menschen; alte Weiber saßen vor ihren Türen und spannen ohne Spinnrädchen, nur an der Kunkel. Die Warenlager der Kaufleute waren wie Marktbuden nach der Straße zu offen. An einem Platz wurde Tran gekocht, an einem andern wurden Häute gegerbt, an einem Wege war eine Seilerbahn.

Wenn der Junge nur Zeit gehabt hätte, ja, dann hätte er hier alles mögliche lernen können! Er sah, wie die Waffenschmiede dünne Brustharnische hämmerten, wie die Goldschmiede Edelsteine in Ringe und Armbänder einsetzten, wie die Drechsler ihre Dreheisen handhabten, wie die Schuhmacher weiche rote Schuhe sohlten, wie der Goldspinner Goldfäden drehte und wie die Weber Seide und Gold in ihr Gewebe hineinwoben.

Aber der Junge hatte keine Zeit zum Verweilen. Er stürmte nur immer vorwärts, um soviel als möglich zu sehen, ehe alles wieder verschwinden würde.

Die Stadtmauer ging rund um die Stadt herum und umschloß sie, gerade wie in Schweden die Steinmäuerchen die Äcker einfrieden. Am Ende jeder Straße sah man die Mauer turm- und zinnengekrönt hervorschauen. Und oben darauf wanderten Kriegsknechte umher in glänzendem Harnisch und blankem Helm.

Als der Junge die ganze Stadt durchquert hatte, kam er wieder an ein Stadttor. Da draußen lag das Meer und der Hafen. Hier sah der Junge altertümliche Schiffe mit Ruderbänken in der Mitte und mit hohen Aufbauten vorn und hinten. Lastträger und Kaufleute liefen eifrig hin und her. Überall war Leben, und alle hatten es eilig.

Aber auch hier erlaubte ihm seine innere Unruhe nicht, sich aufzuhalten. Er eilte wieder in die Stadt hinein und kam jetzt auf den großen Marktplatz. Hier lag die Domkirche mit drei hohen Türmen und tiefen, mit steinernen Figuren geschmückten Toren. Die Wände waren mit Bildhauerarbeit so reich verziert, daß auch nicht ein einziger Stein zu sehen war, der nicht seinen Schmuck gehabt hätte. Und welch eine Pracht schimmerte durch das offne Portal heraus! Goldne Kruzifixe, mit vergoldeter Schmiedearbeit verzierte Altäre und Priester in goldnen Meßgewändern! Der Kirche gerade gegenüber stand ein Haus mit Zinnen auf dem Dach und mit einem einzigen schlanken himmelhohen Turm. Das war wohl das Rathaus. Und von der Kirche bis zum Rathaus, rings um den ganzen Markt herum, standen die schönsten Giebelhäuser mit den mannigfaltigsten Verzierungen.

Der Junge hatte sich warm und müde gelaufen; er dachte, er habe nun so ziemlich das Merkwürdigste von der Stadt gesehen, und ging deshalb etwas langsamer weiter. Die Straße, in die er eben eingebogen war, das war gewiß die, wo die Stadtbewohner ihre prächtigen Kleider kauften. Die Leute drängten sich vor den kleinen Läden, wo die Kaufleute auf ihren Tischen starre, geblümte Seidenstoffe, dicken Goldbrokat, schillernden Samt, leichte, flockig gewobene seidene Tücher und spinnwebdünne Spitzen ausbreiteten.

Vorher, als der Junge so rasch gelaufen war, hatte niemand auf ihn achtgegeben. Die Leute hatten gewiß geglaubt, es springe nur eine graue Ratte vorbei. Aber jetzt, wo er ganz langsam durch die Straße dahinwandelte, gewahrte ihn einer der Kaufleute, und sogleich begann er ihm zu winken.

Der Junge wurde zuerst ängstlich und wollte davonlaufen; aber der Kaufmann winkte ihm nur, lachte ihm zu und breitete ein herrliches Stück Seidensamt auf seinem Tische aus, als ob er ihn damit herbeilocken wollte.

Der Junge schüttelte den Kopf. ‹Ich werde in meinem ganzen Leben nicht so reich sein, um auch nur einen Meter von diesem Stoff kaufen zu können›, dachte er.

Aber jetzt hatte man ihn die ganze Straße entlang von jedem Laden aus bemerkt. Wohin er auch sah, überall stand ein Krämer und winkte ihm. Sie ließen ihre reichen Kunden stehen und dachten nur noch an ihn. Er sah, wie sie in den verstecktesten Winkel des Ladens liefen, um das Beste, was sie zu verkaufen hatten, hervorzuholen, und wie ihnen, während sie es auf den Tisch legten, vor Hast und Eifer die Hände zitterten.

Als der Junge nicht anhielt, sondern weiterging, sprang einer der Kaufleute über seinen Tisch weg, hielt ihn fest und breitete Silberbrokat und in allen Farben schillernde gewebte Tapeten vor ihm aus. Der Junge konnte nicht anders, als den guten Mann auslachen. Er hätte ihm doch ansehen müssen, daß ein so armer Schlucker wie er keine solchen Waren kaufen konnte. Er blieb stehen und streckte dem Krämer seine beiden leeren Hände hin, um den Leuten zu zeigen, daß er nichts besaß und daß sie ihn in Ruhe lassen sollten.

Da hob der Kaufmann einen Finger auf, nickte ihm zu und schob ihm den ganzen Haufen von herrlichen Waren hin.

«Kann er meinen, er wolle dies alles für ein einziges Geldstück verkaufen?» fragte sich Däumling.

Der Kaufmann zog ein kleines abgegriffenes, schlechtes Geldstück heraus, das geringste, das es überhaupt gibt, und hielt es dem Däumling hin. Und in seinem Eifer, zu verkaufen, legte er noch zwei große silberne Becher auf den Haufen.

Da begann der Junge in seinen Taschen zu suchen. Er wußte zwar wohl, daß er nicht einen einzigen roten Heller besaß, aber unwillkürlich sah er doch nach.

Alle andern Kaufleute sahen eifrig zu, wie der Handel ablaufen würde, und als sie den Jungen in seinen Taschen suchen sahen, sprangen sie über ihre Tische, ergriffen so viel Gold- und Silberschmuck, als ihre Hände zu fassen vermochten, und boten es ihm an. Und alle machten ihm Zeichen, daß sie als Bezahlung nichts weiter verlangten als einen einzigen Heller.

Aber der Junge drehte seine Westen- und Hosentaschen um und um; er besaß nichts, gar nichts. Da traten allen diesen stattlichen Kaufleuten, die doch soviel reicher waren als er, die Tränen in die Augen, und der Junge fühlte sich seltsam bewegt, denn sie sahen gar so ängstlich aus. Er besann sich, ob er ihnen denn nicht auf irgendeine Weise helfen könnte, und da fiel ihm plötzlich die grünspanige Kupfermünze ein, die er vorhin am Strand gesehen hatte.

Sofort lief er in größter Eile die Straße hinunter; und er hatte Glück, denn er kam an dasselbe Tor, durch das er zuerst gegangen war. Er stürzte hinaus und suchte nach der Kupfermünze, die vorhin hier gelegen hatte.

Und richtig, da lag sie; aber als er sie aufgehoben hatte und mit ihr in die Stadt zurückeilen wollte, sah er nur noch das Meer vor sich. Keine Stadtmauern, kein Tor, keine Wächter, keine Straßen, keine Häuser waren mehr zu sehen, nichts, nichts als das Meer!

Unwillkürlich traten dem Jungen die Tränen in die Augen. Von Anfang an hatte er ja alles, was er gesehen hatte, für eine Gesichtstäuschung gehalten, aber nachher hatte er dies ganz vergessen und nur noch daran gedacht, wie schön alles sei; und jetzt, wo die Stadt verschwunden war, fühlte er sich aufs tiefste betrübt.

In demselben Augenblick erwachte Herr Ermenrich und ging zu Däumling hin. Aber der

Junge hörte ihn nicht, und der Storch mußte ihn mit dem Schnabel anstoßen, um sich bemerklich zu machen. «Ich glaube, du hast ebenso fest geschlafen wie ich», sagte er.

«Ach, Herr Ermenrich», sagte Däumling. «Was war das für eine Stadt, die eben hier stand?»

«Hast du eine Stadt gesehen?» erwiderte der Storch. «Du hast geschlafen und geträumt, ich hab' es ja gesagt.»

«Nein, ich habe nicht geschlafen», sagte Däumling. Und erzählte dem Storch alles, was er erlebt hatte.

Da sagte Herr Ermenrich: «Was mich selbst anbetrifft, so glaube ich doch, daß du hier am Strande geschlafen und alles dies geträumt hast. Aber ich will dir nicht verschweigen, daß Bataki, der Rabe, der der gelehrteste von allen Vögeln ist, mir einmal erzählt hat, hier habe einst eine Stadt gestanden namens Vineta. Diese Stadt sei über die Maßen reich und schön gewesen, und keine einzige Stadt auf der Welt habe sich mit ihr vergleichen können. Aber unglücklicherweise seien ihre Einwohner hochmütig und prunksüchtig geworden. Und», fuhr der Storch fort, «Bataki sagt, zur Strafe dafür sei Vineta von einer Sturmflut überschwemmt und ins Meer hinab versenkt worden. Ihre Einwohner aber dürften nicht sterben und auch ihre Stadt nicht zerstören. Nur alle hundert Jahre einmal dürfe diese in all ihrer Pracht aus dem

Meere aufsteigen und liege dann genau eine Stunde lang auf dem Festlande.»

«Ja, das muß wahr sein», sagte Däumling, «denn ich habe sie gesehen.»

«Aber wenn die Stunde vorübergegangen und es während dieser Zeit niemand in Vineta gelungen ist, irgend etwas an ein lebendiges Wesen zu verkaufen, dann versinke die Stadt wieder ins Meer. Wenn du, Däumling, auch nur ein einziges noch so ärmliches Geldstück gehabt hättest, um den Kaufmann zu bezahlen, dann hätte Vineta am Strande liegenbleiben dürfen, und deren Menschen hätten wie andre Menschen leben und sterben dürfen.»

«Ach, Herr Ermenrich», sagte der Junge, «jetzt weiß ich, warum Sie mitten in der Nacht gekommen sind und mich geholt haben. Sie glaubten, ich könne die alte Stadt retten. Ach, Herr Ermenrich, ich bin tief betrübt, daß es mir nicht gelungen ist!»

Er verbarg sein Gesicht in den Händen und weinte; und man hätte kaum sagen können, welcher von den beiden betrübter aussah, der Junge oder Herr Ermenrich.

GERD KARPE

Kummer mit Gräten

Fisch essen ist nicht jedermanns Sache. Mancher mag den Fischgeruch nicht. Vielen aber ist das Essen von Fisch zu umständlich, weil er sich nun einmal nicht so mühelos verzehren läßt wie Schmorbraten. Vor den Genuß haben die Götter nämlich die Gräten gesetzt, die der Biologe schlicht als Nadelknochen bezeichnet.

Gräten sind die späte Rache des getöteten Fisches an seinem Verzehrer. Wenn der nicht höllisch aufpaßt, kann es geschehen, daß einer jener winzigen Nadelknochen unbemerkt die Zungenkontrolle passiert und sich mit jähem Stich im Hals festsetzt. Dort ist er weder durch Schlucken noch durch Räuspern zu bewegen, den soeben eroberten Platz zu verlassen.

Erfahrene Fischesser haben nun Gelegenheit, gutgemeinte Ratschläge an den Mann oder an die Frau zu bringen.

Da wird zum Beispiel empfohlen, ein Stückchen Brot zu essen. Der Happen Brot soll die festsitzende Gräte dazu bewegen, nun endlich die angefangene Reise in den Verdauungstrakt fortzusetzen, wozu sie in den meisten Fällen keineswegs bereit ist. Einige Grätenexperten halten mehr von

Schlägen mit der flachen Hand auf den Rücken des Bedauernswerten.

Auf alle Fälle erhöht das wesentlich die Dramatik des Geschehens. Außer dem Grätenstich hat der Gepeinigte nun auch noch die in bester Absicht verabreichten Schläge der Tischgefährten zu ertragen, die er mit hochgezogenen Schulterblättern stöhnend über sich ergehen läßt. Die Gräte hingegen läßt das völlig ungerührt. Sie ist nach wie vor nicht bereit, ihren Platz zu räumen.

Für gewöhnlich endet so ein Fischessen für den Grätenschlucker im Badezimmer, wo er gurgelnd, hustend und würgend den Kampf mit dem nadelspitzen Eindringling zu seinen Gunsten zu entscheiden versucht. Gelingt es ihm schließlich, folgt der stille Schwur, in Zukunft die Hände vom Fischbesteck zu lassen. Ein Vorsatz, der spätestens beim nächsten unwiderstehlichen Anblick eines appetitlich zubereiteten Fisches vergessen ist.

Der eine oder andere aber wird aus Erfahrung klug. Er wendet sich von nun an ausschließlich dem entgräteten Fischfilet zu. Wer aber auch dem noch mißtraut und trotzdem seine Fischverbundenheit von Zeit zu Zeit beweisen möchte, der halte sich ganz einfach an Kaviar.

OTTO BOLJAHN

Der Lieper Winkel

In Usedom steigen wir in das Lieper Postauto, das
uns in rascher und sicherer Fahrt durch den Use-
domer und Krienker Forst, über Suckow und an
Krienke vorbei, in den Lieper Winkel führt. Wer
denkt dabei nicht zurück an vergangene Jahr-
zehnte! Wollte damals ein Bewohner aus dem
abgelegenen Reestow mit dem Frühzug in die
Kreisstadt oder nach Stettin fahren, so mußte er
bald nach Mitternacht aufstehen, den Krückstock
zur Hand nehmen und auf unwegsamer Land-
straße rüstig ausschreiten, um noch rechtzeitig die
Bahnstation Usedom zu erreichen. Der Bauer ließ
sich mit seinem Fuhrwerk dahin bringen, obwohl
eine Wagenfahrt auf den schlechten Wegen auch
keine angenehme Erinnerung hinterließ.

Wir steigen in Rankwitz aus und schlendern
langsam durch das Dörfchen, dessen Häuser eng
aneinander gerückt sind. Bei fast allen Häusern
sind Reusen aufgestellt, an denen hochgewach-
sene, bärtige, von Sonne und Teer gebräunte Fischer beschäftigt sind, die Gerätschaften für den
Fang fertig zu machen. Am Ufer der Peene liegen
zahlreiche Boote für den Fischfang und Quatzen
der Fischhändler, die ihre Ware in Wolgast, Las-

san, Anklam und besonders in Stettin absetzen. Schwerbeladene Kähne segeln bei Strom auf- und abwärts und vermitteln den Güteraustausch zwischen der Insel und dem Hinterlande. Da bringt ein Kahn Briketts aus Stettin zu den am Wasser liegenden Dörfern; ein anderer birgt Mauersteine aus Ückermünde, während ein dritter mit zerschlagenen Findlingen beladen ist, die dann zerkleinert die Decke einer unserer neuen Chausseen bilden werden. Frachtboote bringen die Erzeugnisse unserer Insel in die Städte unseres Pommerlandes. Langsam gleiten die schwerfälligen Schiffe an uns vorbei, hochbeladen mit dem Rohr, das im Herbst an den Ufern der Peene und des Achterwassers geschnitten wurde, oder mit Holz gefüllt, das uns die Pudaglaer Forst lieferte. Sogar ein Schleppzug begegnet uns. Schwer keucht und strampelt der kleine Schleppdampfer, der zwei Kähne hinter sich herzieht, welche mit Kies und Zementwaren aus Balm beladen sind. Andere Kähne befördern Getreide und Zuckerrüben aus Dewichow.

Hinter Rankwitz steigt der Jungfernberg vor uns auf, auf dem – nach der Sage – in längst entschwundenen Zeiten die tanzlustigen Mädchen aus Rankwitz an einem herrlichen Sommersonntage versanken, weil sie sich während der Kirchzeit beim Spiel und Tanz vergnügten, statt, wie es das Gebot der Eltern erheischte, den Gottesdienst im nahen Liepe zu besuchen.

Schon haben wir die Mitte der Halbinsel erreicht und stehen vor dem Kirchdorf Liepe, das von einem Kranze fruchtbarer Äcker und Wiesen umrahmt ist. Im Osten erblicken wir das Achterwasser mit der «Lieper Kehle», einer Bucht, an der die eingewanderten Siedler das Dorf errichteten. Um einen Dorfteich, auf dem sich Scharen von Enten und Gänsen tummeln, reihen sich stattliche Bauernhöfe. Wohnhäuser, Scheunen und Ställe, Ackergeräte und Maschinen, alles befindet sich in bester Ordnung; kräftige, sorgsam gepflegte Pferde ziehen die schweren Bauernwagen; wohlgenährte Rinderherden verlassen die Dorfstraße und beweisen den Wohlstand ihrer Besitzer. – Die weithin tönende Stahlglocke in dem hölzernen Glockenstuhl verkündet uns die Mittagszeit. Nach einer kurzen Rast führt uns unser Weg über weites, ebenes Land, in dem reiche Kornfelder das Auge erfreuen, zu den am Rande der Halbinsel liegenden Bauern- und Fischerdörfern Grüssow, Reestow, Warthe und Quilitz.

Der Lieper Winkel wird in der Geschichte 1187 zuerst erwähnt, als er als Geschenk der Herzogin Anastasia den Prämonstratensern in Grobe übereignet wurde. Deutsche Kolonisten besiedelten den Winkel und teilten das Geschick des Klosters durch die Jahrhunderte und gingen nach der Reformation in den Besitz des Herzoghauses über.

Infolge seiner Abgelegenheit und Zusammenge-

hörigkeit, infolge Fehlens jeder gesellschaftlichen
Schlichtung und des Großgrundbesitzes konnte
der Lieper Winkel seine Eigenart besser bewahren.
Auch die Tracht der Männer und Frauen hielt sich
hier länger als anderswo. Die Webkunst der Lieper
Frauen, der Hersteller der alten Tracht, stand auf
einer sehr großen Höhe. Man lasse sich einmal
einen prachtvollen, bunten Kantenrock in seiner
Farbenpracht, selbstgewebte Schürzen, Strumpf-
bänder, «Upschöttels» mit Quasten, hergestellt in
der uralten Technik des Brettchenwebens, zeigen,
und man wird erstaunt sein.

Von einer ehemaligen Lieper Bauernstube sind
heute nur noch einzelne Teile bekannt: das «Tel-
lerschap», die lange Seitenbank mit den geschnitz-
ten Sprossen, der Eckschrank, das Milchspind, die
Wiege, die Laden, Stühle und selbstgeschnitzte
Schiffe. Unter den hölzernen Kleinkunstgeräten
sind neben den Schiffen Butterformen, Wocken
und Webebrettchen zu nennen; von den letztge-
nannten befinden sich zwei interessante Beispiele
im Provinzialmuseum zu Stettin. – In den Spinden
finden wir Henkel-Paartöpfe, Suppenterrinen, ir-
dene Siebe, Kuchenformen, Butterschüsseln,
Milchsatten, außen unglasiert, innen weißglasiert
aus Pölitzer Töpferbetrieben. Noch heute lebt in
Usedom ein alter Töpfer, namens Oesterling, der
für den Lieper Winkel einfach glasierte Tonnen
geliefert hat. – Zinngerät ist im Lieper Winkel

unbekannt. Hersteller aller dieser Dinge sind nicht nur die einheimischen Bauern und Fischer, sondern auch Handwerker und Fabriken aus andern Gegenden Pommerns, Deutschlands, Frankreichs, Böhmens und Englands.

Wir sehen aus allem, welch ein reiches kulturgeschichtliches und volkskundliches Bild ein so kleines Gebiet wie der Lieper Winkel uns zeigen kann.

EGON RICHTER

Die Entstehung des Golm

Vor Zeiten befand sich an der Stelle, an der sich heute der Golm erhebt, ein prächtiges Schloß. Darin lebte ein Fürst mit seiner Tochter. Es war ein unermeßlich reicher Fürst, dessen ganzes Sinnen und Trachten auf die Bewahrung seiner Schätze gerichtet war. Tag für Tag und bisweilen auch des Nachts stieg er in die weitverzweigten Keller und Gewölbe hinab, in denen er Gold, Silber und Edelsteine in unvorstellbaren Mengen angehäuft hatte, und erfreute sich allein an seinen Schätzen.

Da er all seine Aufmerksamkeit schon jahrelang nur seinem Reichtum widmete und das Leben anderer Menschen, auch seiner nächsten Anverwandten, ihn ziemlich gleichgültig ließ, hatte er gar nicht bemerkt, daß aus seinem Kind inzwischen eine schöne junge Prinzessin geworden war. Schnell und ohne daß der Fürst etwas dagegen tun konnte, verbreitete sich der Ruf ihrer Schönheit im ganzen Lande. Um dieser Schönheit willen kamen junge Männer aus allen Himmelsrichtungen auf das Schloß und hielten um die Hand der Prinzessin an. Der Fürst jedoch war fest davon überzeugt, daß ihr Begehren nicht seiner Tochter, sondern nur seinem Reichtum galt. Deshalb wies er jeden Bewerber, ohne daß seine Tochter jemals davon erfuhr, mit den Worten ab: «Ihr redet von meiner Tochter, aber Ihr meint nur meine Schätze!»

Schließlich klopfte niemand mehr an das Schloßtor in der Absicht, um die Prinzessin anzuhalten, und der mißtrauische Fürst gestattete es nun seiner Tochter, ihr Pferd zu satteln und in die Wälder der Umgebung zu reiten. Dort, meinte er, würde sie niemanden treffen, der es auf seine Schätze abgesehen haben könnte. Und tatsächlich begegnete die Prinzessin bei ihren Ausritten keinem Menschen.

Eines Tages jedoch war sie bis ans Meer geritten und blickte erstaunt und begeistert von der Höhe der Steilküste über die schier unendliche Wasserfläche. Sie sah, was sie noch nie gesehen hatte: Fischer, die mit bunten Booten zum Fang hinausfuhren, und große Schiffe, die mit geblähten Segeln hinter dem Horizont verschwanden. So hielt sie, hoch zu Roß, Ausschau auf der Klippe und konnte sich nicht sattsehen an dem Leben und Treiben, das sie hier nicht vermutet hatte.

In diese Betrachtung versunken, entging ihr das raschelnde Geräusch im Unterholz – blitzschnell und einen heulenden Laut ausstoßend fiel ein Wolf das Pferd der einsamen Reiterin an. Verängstigt drängte das Tier an den Rand der Steilküste, verlor den Halt und stürzte mit der Prinzessin hinab. Lange Zeit lag sie ohnmächtig auf dem weißen Strandstreifen zwischen Klippenrand und Meeressaum.

Als sie wieder zu sich kam, blickte sie in das gebräunte Gesicht eines jungen Fischers, der sich über sie beugte. «Wer seid Ihr?» flüsterte sie, noch immer benommen von dem Sturz.

«Wir fischen hier», erklärte der junge Mann, «und ich sitze schon fast drei Stunden neben Euch und reibe Eure Wangen und Eure Glieder, damit Ihr wieder zu Euch kommt. Ich habe Euren Schrei gehört...»

«Ich habe geschrien?» fragte die Prinzessin. «Ja», fuhr der Fischer fort, «Ihr habt laut geschrien, als Ihr den Abhang herunterfielt. Auch Euer Pferd hat sich nicht halten können. Nun ja», sagte er lächelnd, «geschehen ist Euch nichts, soweit ich sehen kann, der weiche Sand hat Euren Sturz gemildert. Auch dem Tier ist nichts passiert. Könnt Ihr aufstehen?» Mit Hilfe des Fischers erhob sich die Prinzessin vorsichtig und schüttelte den Sand aus ihrem Reitkleid. Der junge Mann führte ihr das Pferd zu und half ihr in den Sattel. «Ich danke Euch sehr», flüsterte die Prinzessin verlegen, und der Fischer, dem eine rasche Röte über die Wangen flog, sagte ebenso leise: «Es wäre schön, Euch wiederzusehen.» «Ich werde kommen», versicherte die Prinzessin, und sie wußten beide, daß nichts und niemand auf der Welt sie mehr trennen konnte.

Von nun an trafen sich die Verliebten jeden Morgen an der gleichen Stelle des Strandes, an der sie sich begegnet waren, schlossen sich in die Arme und küßten sich. Der Fischer zeigte der Prinzessin sein kleines Haus an der Mündung der Swine und fragte sie, ob sie wohl seine Frau werden und mit ihm darin leben wollte. «Nichts lieber als das», erklärte sie, und der Fischer jubelte und rief: «Dann soll uns nichts mehr hindern. Selbst wenn dein Vater der mächtige Fürst wäre, der da hinten in seinem Schloß haust – ich würde hingehen und um deine Hand bitten.»

Erst jetzt enthüllte die Prinzessin ihr Geheimnis. «Ach, mein Lieber», sagte sie traurig, «du weißt nicht, wovon du sprichst. Der mächtige Fürst ist tatsächlich mein Vater, und er wird nie erlauben, daß ich mich vermähle.» «Das ist doch nicht möglich!» rief der Fischer, «du bist wahrhaftig eine Prinzessin?»

«Ja», bekannte sie, «daran ist leider nichts zu ändern.» «Egal!» erklärte der Fischer, «Wenn du wirklich meine Frau werden willst, dann werde ich auf's Schloß gehen und um dich werben ...»

«Nein!» beschwor ihn die Prinzessin, «tu es nicht! Mein Vater wird niemals zustimmen. Lassen wir alles, wie es ist ...» «Niemals», fiel der Fischer ihr ins Wort, «auch eine Prinzessin hat ein Recht auf ihre Liebe. Und mit der Heimlichkeit muß es ein Ende haben!»

Wenige Tage später zog der Fischer sich seinen einzigen guten Sonntagsanzug an und begab sich in das fürstliche Schloß, ohne seiner Geliebten etwas davon zu sagen. Die Prinzessin saß ahnungslos in ihrem Turmzimmer und stickte, als der Fischer unten im Rittersaal vor den Fürsten trat und seine Werbung vortrug. Kaum hatte er geendet, als der Fürst in maßloser Wut aufsprang und den Fischer anschrie: «Was erlaubst du dir, du niedriger Knecht?! So ein Wurm wagt es, um die Hand meiner Tochter anzuhalten? Weißt du, daß du von einer Prinzessin sprichst?!»

«Herr», setzte der Fischer an, aber der Fürst schnitt ihm das Wort ab, rief nach der Palastwache und befahl den Soldaten: «Bindet diesem Hochverräter die Hände und dann fort mit ihm; jeder Galgen ist zu schade für den, werft ihn von der Klippe!» Natürlich versuchte der Fischer zu entkommen, aber die Wachen umstellten ihn, warfen ihn zu Boden, fesselten ihn und brachten ihn bei nächtlicher Dunkelheit aus dem Schloß. Von der steilsten Höhe der Klippe, an einer Stelle, wo es keinen weißen Strand am Meeresufer gab, stürzten sie den Gebundenen in die dunklen Fluten.

Die Prinzessin wußte von all dem nichts. Vielmehr ritt sie jeden Tag durch die Wälder an den Strand und wartete auf ihren Geliebten. Aber nirgends am Horizont tauchte dessen buntes Boot auf, mit dem er sonst regelmäßig zu ihren Treffen gekommen war. Eines Abends aber, als sie wieder verzweifelt am Strand auf und ab lief, spülte die See eine Leiche ans Ufer, und schreckensbleich erkannte die Prinzessin in dem gefesselten Toten ihren einstigen Freund. Sie schrie und weinte und wußte nun, was vorgefallen war. Auf das Schloß zurückgekehrt, mied sie die Gesellschaft ihres Vaters, sprach kein Wort mehr mit ihm und lebte still und zurückgezogen in ihrem Turmzimmer.

Aber auch diese Umstände belehrten ihren Vater nicht eines besseren, und selbst als seine Tochter in die Jahre kam und zu altern begann, behielt der Fürst seine Einstellung zu den Brautwerbern bei. Die allerdings kamen immer seltener, und schließlich blieben sie ganz aus.

Eines Tages jedoch, als schon Jahre ins Land gegangen waren, erschien hoch zu Roß ein Ritter vor dem Schloßtor und begehrte Einlaß. Sein Pferd war so schwarz wie seine Rüstung, seine Augen waren so dunkel wie sein Haar, sein Helm hatte die Farbe schimmernder Kohle, und die buschigen Federn darauf waren von nächtlicher Schwärze. Als ihm der furchterregende Besucher gemeldet wurde, trat der Fürst selbst hinaus auf einen der beiden Türme, von denen die Schloßeinfahrt bewacht wurde.

«Wer seid Ihr und was begehrt Ihr?» rief er dem Fremden vor dem Tor zu und wies die Knechte an, ihre Schwerter bereitzuhalten.

Der Fremde antwortete ruhig, aber mit lauter Stimme: «Wer ich bin, werdet Ihr erfahren, wenn Ihr mich einlaßt. Und was ich begehre, ist Eure Tochter, die ich zum Weibe nehmen will.»

Nun wußte der Fürst: Der schwarze Ritter war als Freier erschienen. Wie in all den Jahren zuvor vermutete er jedoch, daß dieses Anliegen nur ein Vorwand war, um sich seiner Schätze zu bemächtigen. So ließ er die Tore geschlossen halten und rief dem fremden Besucher zu: «Niemals! Und wenn sie als vertrocknete Muhme stirbt! Niemals erhältst du meine Tochter zur Frau!»

Im gleichen Augenblick verfinsterte sich der Himmel, Schwefeldämpfe quollen aus plötzlich aufgerissenen Erdspalten, und die Mauern des Schlosses begannen zu wanken und zu reißen. Die Gestalt des schwarzen Ritters aber wuchs ins Riesenhafte, und seine Stimme donnerte wie ein Gewitter: «Weil du deinen Reichtum mehr liebst als dein Kind, weil dein Geiz das Glück deiner Nächsten zertritt, soll dein Schloß mit allem, was darin ist, verbannt sein in einen Berg. Deine Tochter, die durch dich unschuldig leidet, kann wieder erlöst werden, du aber bleibst auf ewig verdammt!»

Eine schwarze Wolke senkte sich hernieder, der Boden öffnete sich, und die Erde verschlang das Schloß. Dort, wo es gestanden hatte, wuchs ein hoher Berg empor, den die Leute später Golm-Berg nannten. Alle Jahre am Johannistag aber wandelt die verwunschene Prinzessin über den Golm und wartet auf ihre Erlösung.

Der erste, der ihr dabei begegnete, war – wie vor Jahrhunderten – ein junger Fischer. Aus dem Dorfe Kamminke kommend, war er auf den dichtbewaldeten Golm gestiegen, um trockenes Holz zum Teerbrennen zu sammeln, denn der Boden seines Bootes brauchte einen neuen Unteranstrich. Dieses Holzsammeln war eine Quälerei, Wurzeln und Ranken machten dem Fischer zu schaffen, überall blieb er hängen und stolperte, aber erst als er seinen Korb voll hatte, trat er den Heimweg an. Plötzlich stand er, nun schon in der abendlichen Dämmerung, vor einer riesigen, in der Mitte gespaltenen Eiche, die er noch niemals hier oben bemerkt hatte. Erst jetzt fiel ihm ein, daß Johannistag und es also auf dem Berg nicht ganz geheuer war. Er versuchte, an der mächtigen Eiche vorbeizukommen, aber da trat aus ihrem Spalt eine Gestalt auf ihn zu, deren Anblick ihn mit lähmendem Schrecken erfüllte: Ihr Gesicht war von Borke überzogen, ihr Kopf mit Moos bedeckt, aus dem grüne Haare hervorwuchsen. Sie streckte ihm ihre astgleichen Arme entgegen und sagte mit brüchiger Stimme: «Höre, Fischer, ich bin eine Prinzessin, und du bist es, der mich erlösen kann. Alle Schätze im Berg werden dir gehören, und meine schöne Gestalt erlange ich zurück – komm her und küß mich und werde mein Ehegemahl!» Der Fischer aber stand starr vor Entsetzen. Dieses schreckliche Wesen sollte die schöne Prinzessin sein, von der ihm Großmutter und Urahne so traurige Geschichten erzählt hatten? Niemals konnte er das glauben, und niemals würde er sich auf einen Handel mit ihm einlassen.

Die Borkenfrau kam näher, und er wich zurück: «Ich bitte dich», flehte das Wesen beschwörend und streckte ihm wieder die Arme entgegen, «nur ein reines Herz voll mitleidiger Liebe kann mich erlösen. Sieh dir meine Hände an, sie werden schon weiß und schön und gewinnen ihre Gestalt zurück, nur, weil du gekommen bist. Wenn du mich heiratest, dann ... Aber ich sehe, du zauderst», stellte die Erscheinung fest, und immer leiser werdend wimmerte sie: «Nun muß ich wieder zurück für viele, viele Jahre.»

So plötzlich wie sie aufgetaucht war, verschwand die Gestalt, ein Sturmwind erhob sich und schleuderte den Fischer so heftig und unvermittelt zu Boden, daß er betäubt liegenblieb.

Erst am frühen Morgen erwachte er im Unterholz mit schmerzenden Gliedern. Die gespaltene Eiche war verschwunden. Dafür stand sein Holzkorb wohlgefüllt neben ihm, so, als hätte er ihn vor der Sturmbö ordentlich abgesetzt.

Als er im Dorf von seinem seltsamen Nachterlebnis erzählte, wollte ihm niemand glauben.

Auch in den vielen Jahrzehnten nach diesem Ereignis ist die Prinzessin noch manchen Golm-Besuchern in unterschiedlicher Gestalt erschienen. Aber niemand hat bisher den Mut aufgebracht, sie tatsächlich von ihrem Zauber zu befreien.

KARL VON ROSEN

Die Bernsteinhanne

Wiederholt fand Trina bei dem Häufen und Vertiefen des Sandes manchen bunten Kiesel und vereinzelte kleine Muscheln, wie sie solche daheim in dem torfigen Erdreiche des Wendendorfes niemals bemerkt hatte. Als sie nun in freudiger Erregung eifriger suchte, entdeckte sie ein Stück, dessen

Stoff ihr unbekannt war, das ihr aber in seiner köstlichen Farbe und wundervollen Klarheit um so wertvoller erschien. Da sie es fest in die Hand schloß und der Stoff sich zu erwärmen begann, fühlte sie eine wohltätige, sanfte Ruhe am Arme emporsteigen, die sich allmählich friedevoll über Leib und Glieder verbreitete. Obwohl sie es deshalb täglich lieber gewann und stets bei sich trug, wagte sie Anna dennoch nicht nach seinem Namen zu fragen, denn diese, obwohl stets freundlich und fürsorgend gegen sie, hatte doch für ihr sinniges Treiben wenig Verständnis und antwortete stets, wenn Trina nach Kieseln und Muscheln forschte, in einem gleichgültigen, oft wegwerfenden Tone: «Ach, das ist ja gar nichts!» Da jedoch Trina an einem Abende, wo sie mit ihrer treuen Pflegerin zusammensaß, das Stück von ungefähr hervorzog, leuchtete es Anna in seiner Schönheit so stattlich entgegen, daß sie es schnell ergriff und freudig ausrief: «Welch' schöner Bernstein? Woher hast du denn den?» So lernte Trina kennen, was sie gefunden; denn nun erzählte Anna ausführlich von dem herrlichen Stoffe, sagte, daß größere, zusammenhängende Blöcke von besonderer Eigentümlichkeit sehr hoch bezahlt würden, und entsann sich, wie ihr Vater vor Jahren auch einmal solchen Fund getan. «Wenn du aber darnach suchen willst, Trina, so mußt du an den Strand niedergehn», fügte sie wohlbedächtig hinzu, denn sie hoffte so

72

Trinas Schrecken vor dem Meere, der ihr kindisch und unbegreiflich vorkam, zu beschwichtigen.

Doch hierin hatte sie sich getäuscht, Trina saß wie zuvor hinter den Dünen im Sande, und der lichte Punkt ihres Innern mußte sehr voll und leuchtend sein, wenn sie es über sich bringen konnte, hier oder dort an einer Senkung der Hügel einen verstohlenen Blick auf die gesättigte Bläue der Wogen draußen hingleiten zu lassen. Nach Bernstein suchte sie trotzdem unablässig; sie fand zwar kein so bedeutendes Stück mehr, sondern nur winzige Brocken, doch gewannen für sie die verschiedenen Färbungen sowie der Wechsel ihrer Klarheit und Dichte fortwährend einen neuen Reiz.

Wiederum senkte sich über den Dünen ein Tag voll Glut gegen Abend, ein Anflug wirbelnden Windes verkündete, diesen Küsten eigentümlich, den nahen Sonnenuntergang, da schritt eine Frau vor ihr im Abendrot über die Sandhügel; Trina, eifrig nach Bernstein suchend, hatte ihrer nicht geachtet und schrak empor, als jene plötzlich neben ihr stand, die Hand auf ihre Schulter legte und mit ermutigendem Klange, gleichwie man zu einem Kinde redet, zu ihr sprach: «Was treibst du hier, Trina, warum sitzest du so im dürren Sande, du, die es zu Hause so gut und weich haben könnte?»

Trina empfand ein geheimes Grauen und

schwieg, aber als jene ihre Frage wiederholte, entgegnete sie nach wiedergewonnener Fassung: «Ich suche Bernstein.» Erst jetzt unter der Empfindung, mit ihrer Antwort eine notwendige Pflicht erfüllt zu haben, hob sie das Haupt und ließ ihre Augen, wie in angstvollem Forschen, über die Fragende hingleiten, ohne jedoch beim Anschauen eine Beruhigung zu erlangen oder Vertrauen für sie zu fassen, denn die Gestalt der Frau und noch mehr der Ausdruck ihrer Züge gewährte einen unheimlichen Anblick. Sie war, anders als Trina, über das Gewöhnliche groß, von einem für weibliche Formen fast zu mächtigen Bau der Glieder, einstmals, wie man ahnen durfte, von üppiger Schönheit – aber das Elend hatte alles zerrüttet. Obgleich in den Jahren der Kraft, neigte sich ihr Rücken vielleicht mehr im Unmute als aus Schwäche; Angesicht, Hals und Nacken zeigten auf der rauhen, von Wetter und Sonnenbrand arg gebräunten Haut tiefgezogene Falten; das düstere Haar entbehrte der Pflege und lag ungeordnet um das mächtige Haupt, einige aus wirren Knoten des Nackens entwichene Strähnen fielen, vom Hauche des Meerwindes umgetrieben, über Schläfen und Schultern. Die Kleider zeigten die äußerste Mißachtung der eigenen Erscheinung, wie sie selbst die bitterste Armut nicht aufkommen läßt; Ursprung, Stoff, Schnitt und Farbe waren kaum zu enträtseln, der untere Saum des Rockes hing in Fetzen.

Anfangs glitt ein unheimliches Lächeln aus ihren im wilden Glühen aufsprühenden Augen über Trinas Gestalt, dann aber verschleierte sich ihr Blick, die Frechheit ihres Antlitzes wich einer maskenartigen Gewöhnlichkeit, und nur noch bisweilen zuckte es über den wüsten Zügen mit wilder Verbitterung oder grenzenlosem Hohn; endlich begann sie, indem sie ihre harte, entweihte Stimme zu größerer Milde zwang: «Bernstein suchst du, Trina! Da pfuschest du ja in mein Geschäft, hast du denn auch die Erlaubnis dazu?»

«Eine Erlaubnis?» sagte die junge Frau und blickte fragend auf die Sprecherin. «Nein! Ich bin stets auf dem Boden geblieben, den Helmold mir als unser Eigentum bezeichnet hat. Weiter gehe ich überhaupt niemals.»

«Das ist ganz gleich, meine Taube! Der Bernstein gehört an diesen Küsten der Regierung, wo er auch sein mag; und wer ihm nachtrachtet, muß sich einen Schein für vieles Geld kaufen, darauf zu lesen steht, daß er das Zeug suchen darf. Nimm dich in acht, daß man dir nicht auf die Spur kommt; alle die Grenzjäger, oder wie die Buntröcke sonst heißen mögen, halten ihre Augen offen, und du kannst gar schlimm in die Patsche kommen, wenn sie dich betreffen.»

Trina blickte in ratlosem Schrecken um sich, aber jene blieb ungerührt, im Gegenteil wurde ihre anfangs gemilderte Stimme allmählich härter, und als sie Trinas Angst gewahrte, wetterte ein schnell verlöschendes Zucken häßlicher Genugtuung über ihr Gesicht. Doch nach kurzem Schweigen, während dessen man das qualvolle Pochen von Trinas Herzen hätte vernehmen können, beugte sie sich über die wie zerschmettert dasitzende junge Frau und sagte in freundlicherem Tone: «Was fandest du denn, Trina? Es war wohl nicht viel, oder doch? Mir kannst du's immer sagen. Glaube nur, es gibt gar keinen, der all dem Geschmeiß, das hier um uns herspürt, so in tiefster Seele gram ist, wie die Bernsteinhanne, und das bin ich! Wissen auch die Leute, soweit die Dünen ziehn, auf was für eine Art wir miteinander stehn, ich und die Grünen! Und hast du nicht tausendmal recht, du arme Taube, in deinem Sande zu spielen, zu sieben und zu sammeln! Aber die da oben brauchen Geld; wie sie's nehmen und woher, das ist ihnen ganz gleich, und haben müssen sie's, und darum geht es nun selbst an die wenigen Bernsteinbrocken in unserem Sande! Aber zeige doch, Trina, was fandest du?»

«Hier ist mein Bestes!» sagte Trina, mit sichtlichem Widerstreben ihr großes Stück Bernstein unter dem Brusttuche hervorholend.

«Ei, ei, das ist ja ganz hübsch! Wie ein blindes Huhn doch auch bisweilen ein Weizenkorn aufpickt. Ja, wenn es nur sein soll! Wo hat denn das gelegen? Ausgegraben, das sehe ich, wird es nicht sein.»

«Nein, es lag dort nicht weit vom Gartenzaun beim großen Holunderbusch und eine ganz leichte Sandwelle stand darüber.»

«Wie mag es an die Stelle gekommen sein! Doch ich entsinne mich, die Sturmflut damals, wo deines Helmolds Vater und Mutter mit Haus und Hof dran glauben mußten, die wird es gebracht haben. Aber das Stück will noch wenig bedeuten. Magst du wirklich den Bernstein, lernst ihn erst ordentlich kennen in seiner Schönheit und bekommst einen richtigen Geschmack darauf, da will ich dir ganz andere Dinge bringen, Dinge, daß dir das Herz darüber im Leibe lachen soll. Glaub mir, ich meine es gut mit dir wegen deines Helmolds und auch um deiner selbst willen. Deinen Helmold habe ich von je an gekannt, wir sind von demselben Jahrgang und Spielkameraden gewesen, und als ich noch eine schmucke Schiffertochter war. – Was siehst du mich so an, Trina, frage nur deinen Helmold, wie ich aussah mit achtzehn Sommern, und ob ich nicht so vornehm war wie eine, und so viel Geld in der Lade hatte wie manch eine nicht. – Also damals haben wir oft gesprungen und getollt in der Winternacht. Und dein Helmold ist immer ein guter Junge geblieben, flott, wie es einem rechten Seemanne zukommt, aber honett und billig. Als alle die andern mir den Rücken kehrten, die hochnäsigen Weiber voran, wie wenn sie mich nimmer gekannt, mich, die doch mit ihnen groß

geworden war – da hat er mich gegrüßt, als er
heimkam und ich ihm auf dem Kirchplatz bei
Kerkows Hause begegnet bin. Da hat er zu mir
gesagt, er wisse, ich sei elend, doppelt elend, weil
ich's selbst verschuldet; und hat mir ein hübsch
Stück Geld gegeben von seinem sauren Verdienst
und hat wieder gesagt: Wenn dir's einmal recht
schlecht geht, Hanne, dir oder deinem Jungen, so
komm nur zu mir, wir sind ja Nachbarskinder und
Spielgefährten gewesen, und die dürfen einander
nimmer verlassen! Das Geld, Trina, das ich so
erhielt, hat mir gutgetan, das kannst du mir glauben; aber daß er mich gegrüßt hat und bei mir still
stand und so mit mir redete, grade auf dem Platze,
da doch alle Leute und das ganze unbarmherzige,
tugendstolze Volk umher es sehn konnte, sehn
mußte, und daß der Helmold, der Staatskerl, es
war, der das tat – ja Trina, das hat mich tausendfäl-
tig mehr erquickt als alle mitleidigen, schönen
Worte und die widerwillig hingeworfenen Gut-
taten, welche die andern mir in der ganzen Zeit
meines Elends haben zukommen lassen, das kann
ich beschwören, so hoch ich's immer soll!»

Während sie so redete, wurde ihre Stimme seltsam gewandelt; auf der Höhe der Schilderung, wo
das ganze Bewußtsein des Einst, des Späteren und
der Großmut Helmolds über ihr Gemüt kam,
brach der rauhe Ton wie eine Eiseskruste im Tau-
winde; ein hartes Schluchzen ging zwischen den

gezwängten Worten durch ihre Kehle, und die Augen glommen tränenlos wie bei einer Fieberkranken.

Trina war sichtlich ergriffen, mehr durch Klang und Gebärde als durch den Inhalt der Rede, deren Sinn sie nur teilweise verstand; von dem Schreck, dem Widerwillen, ja dem Grauen, welches sie zuerst beim Anblick und bei ihren ersten Worten empfunden, baute sich allmählich eine sanfte Brücke zum Mitleid, und auch das Lob Helmolds, selbst aus diesem Munde vernommen, erfüllte sie mit einer Freude, welche die Teilnahme für die Unglückliche noch erhöhte. Anfangs schweigend, richtete sie sanft den Blick zu ihr empor – inzwischen war der letzte Lichtstrahl vom Westhimmel verschwunden und die Hochsommernacht wölbte schon in wolkenloser Klarheit ihre sternbesäte Runde über ihrem Haupte. – Da sprach sie freundlich: «Lebe wohl!»

«Lebe wohl, Trina», sagte jene leise und zögernd, «willst du mich wiedersehn?» Und als ihr dann ein schüchternes, sanftes Neigen des Hauptes die Zusage gab, da fuhr sie flüsternd fort: «Nun, so höre mich an, ich bringe dir Bernstein, so schön, so köstlich, als du es nicht denken kannst; ich will dir Geschichten von ihm erzählen, froh und schauerlich wie Märchen und doch wahr! Ich will dir seine Arten und Farben erklären – willst du behalten, so nimm; ich gönne es dir tausendmal lieber als dem schmutzigen Händler, der mir sonst in B. alles abschachert, oft – ich weiß es genau – das Zehnfache und Zwanzigfache dafür wiedererhält und doch noch stets so tut, als gäbe er mir ein Almosen. Ja, es steht fest, das Allerschönste ist von nun an dein. – Aber der Anna darfst du nichts davon sagen, gar nicht, daß du mich kennst, nicht einmal, daß du mich gesehn hast. Die ist auch eine von den Tugendstolzen und wähnt ein Recht zu haben, mich zu verachten, weil ihr kälteres Blut sie vor allem Fehltritt behütet hat. Und wenn ich zu dir komme, morgen – nein, übermorgen – bei Sonnenuntergang so wie heute, da sollst du nicht hier sitzen, daß sie mich auswittere und uns die Freude verderbe, sondern – komm einmal hier hinauf – dort hinter dem Knirkbusch, am Rande der Tannen ist ein Abfall gegen den Wald und weißer Sand wie hier; da späht uns keiner aus, und auch jene Ecke gehört noch zu deines Helmolds Besitz. Willst du?»

«Ich will. Gute Nacht!» – «Gute Nacht, Trina!»

Oft kamen beide in den folgenden Tagen im Schutze des Busches zusammen, aber dennoch hatte Anna bald ihre Begegnungen ausgekundschaftet, haderte darüber mit Trina und wollte ihr verbieten, die Bernsteinhanne wieder zu sehn. «Denn», sagte sie, «die Hanne ... wird dir ein Leid antun, sei es am Körper, sei es an der Seele, und ich soll dich bewahren, pflegen und kräftigen, wie ich

80

es Helmold habe zuschwören müssen. Ich leide es nicht!» Aber Trina blieb standhaft, und nichts förderte ihre Entwicklung schneller und kräftiger, als daß sie einmal gegen den Willen ihrer Umgebung tat, was ihr gefiel.

Als Helmold heimkehrte, stimmte er Trina bei, betrachtete mit Vergnügen den schönen Bernstein in ihrem Schranke, hörte freudig auf alles, was sie davon zu sagen wußte, und begleitete sie auch mehrere Male zu dem Knirkbusche, wo sie die Bernsteinhanne erwartete. Zu Anna sagte er: «Lasse Trina gewähren, an ihrer Reinheit gleitet alles Unlautere ab, wie vom Ölzeug das Meerwasser; und die Bernsteinhanne, die kenne ich von je, die ist nicht so arg. Wüßtest du, was man an ihr verbrach und wie sie die eigene Schuld büßen mußte, du würdest Erbarmen mit ihrem Elende haben und sie nicht verdammen. Vielleicht ist es auch eine Schickung, daß eine so ganz lautere Natur wie Trina der Gefallenen nahe gekommen ist, und es wäre möglich, sie würde durch solches Begegnen noch wieder emporgerichtet. Störe sie also nicht, Anna, es könnte eine Todsünde sein!»

Auf dieses fügte sich Anna, jedoch ohne eigentliche Zustimmung, im Gegenteil, sie tadelte auch Helmold in ihrem Innern und zwar zum erstenmal in ihrem Leben.

EDUARD DULLER

Bräuche der Schiffer und Fischer

Äußerst charakteristisch sind die Schifferbräuche
und die Meinungen; da gibt sich der tiefe poetische
Sinn des Volkes kund, der sich auch in den Sagen
von den versunkenen Städten ausspricht. Dem
leben Wind und Welle als geheimnisvolle Persönlichkeit, mit der der Mensch in den Bund treten,
die er locken und werben, aber auch erzürnen
kann. Durch Pfeifen locken und verstärken sie den
Wind. Man darf daher ja nicht an Bord pfeifen,
wenn Sturm ist, sonst wird dieser dadurch immer
stärker, bei schwachem Wind aber oder bei einer
Windstille ist es sehr gut, wenn man in einem
lockenden Ton pfeift; weil man aber doch nicht
wissen kann, ob der Wind dadurch nicht gar zu
stark werden möchte, muß man zwischen dem
Pfeifen dem Wind einige Schmeichelworte zuspre-
chen, zum Beispiel, «kumm, old Bröderken» oder
«kumm, olle Junge». Ältere Schiffer brauchen gar
nicht einmal zu pfeifen, um den Wind zu locken;
sie sind mit ihm schon bekannter und brauchen
sich nur ans Steuer zu stellen und einige Male zu
rufen: «Kuhl up, oll Vader, kuhl up, kuhl up!»
Binnen einer Viertelstunde kommt dann gewiß der
gewünschte Wind; sie dürfen aber nur halblaut

und in einem schmeichelnden vertraulichen Ton rufen, denn sonst möchte er doch etwas zu gewaltig kommen. Ist der Wind gut, so darf man ja nicht von ihm reden, denn das kann er nicht vertragen, und er schlägt um.

Bei konträrem Wind darf man an Bord ja nicht flicken oder nähen, sonst näht man ihn fest, und er kann nicht herum; aber bei gutem soll man ja nähen, dann behält man ihn. Einen Feuerbrand oder auch nur eine glühende Kohle darf man nicht über Bord werfen, sonst gibt's gewiß Sturm; ebensowenig darf man, wenn auf der See Vögel kommen, sie fangen oder nach ihnen haschen; greift man nach den Vögeln, greift man auch bald nach den Segeln. Um guten Wind zu bekommen, muß man einen Besen ins Feuer werfen, mit dem Stiel nach der Gegend, aus der der Wind herkommen soll. Will der konträre Wind gar nicht nachlassen, so muß man in die Gegend, aus der man den Wind zu haben wünscht, einen stumpfen Besen, jedoch ohne Stiel, über Bord werfen; aber ohne große Not soll man das nicht tun, weil man nicht wissen kann, wie stark der Wind wird – und es kann leicht Sturm entstehen –; auch schadet man dadurch vielen anderen Schiffen. Daher entsteht manchmal großes Schimpfen und Schelten, wenn zwei Schiffe einander begegnen und das eine dem anderen, das mit gutem Wind segelt, einen solchen Besen entgegenwirft.

Einen Toten darf man nicht über vierundzwanzig Stunden an Bord behalten, sonst dauert die Reise dreimal länger. Nimmt man beim Bau eines neuen Schiffs etwas gestohlenes Bauholz zum Kiel oder zu einem anderen Hauptstück, so segelt es vorzüglich des Nachts schnell. Gibt's beim ersten Hieb in den Kiel Feuerfunken, so wird das Schiff schon auf der ersten Reise zugrundegehen; legt man beim Einsetzen des Großmastes in ein neues Schiff ein Stück Geld – besonders eine alte, nicht mehr geltende Münze darunter –, so wird es viel Geld verdienen.

Jedes Schiff hat seinen Kalfater oder Klabautermann, der den Schiffer warnt, dem Schiffsvolk hilft und das Schiff bis zum letzten Augenblick schützt. Begegnet man «Nachtlichtern» auf der See – besonders auf der «Spanischen» (Stillen Ozean) –, so gibt's Schaden; da sitzt der Teufel in einer Teertonne und treibt auf der See. Wenn ein Schiff in die Gegend des Kaps der Guten Hoffnung kommt, so muß es sich vor dem «Nachtkreuzer» hüten, der an alle Schiffe herankreuzt, und ja nichts von ihm annehmen – nicht einmal einen Brief zur Bestellung. Man sieht aus allen seinen Kanonenluken Feuer brennen und hört seine Segel, aber nicht sein Rauschen im Wasser. Dieser Nachtkreuzer hat sich vor langer, langer Zeit dem Teufel übergeben, wenn er eine glückliche Reise machen werde; er hat dies aber nachher wieder bereut und dem Teufel den Kontrakt aufgekündigt, und nun kann er niemals nach Hause kommen.

An diese Bräuche und Meinungen der Schiffer reihen sich die der Fischer, und auch da bricht die sinnige Anschauung schön zutage; so die Vorstellung von der geheimnisvoll wirkenden, dem Menschen freundlichen, den Fleiß segnenden Persönlichkeit des Elementargeistes; da ist die Seejungfer am Haff und besonders am Papenwasser, die den Fischern bei der Arbeit zusieht und ihnen Glück und Segen bringt. Ein tiefer sittlicher Grundzug, das Glück nicht durch Prahlerei und Übermut herauszufordern, läßt sich in dem Brauch erkennen, daß der Fischer nie sagen soll, wieviel er gefangen hat, sonst hat er kein Glück mehr; jener sittliche Grundzug ist nur verdüstert, nicht aufgehoben, durch die Praxis, daß er, wenn er durchaus eine bestimmte Antwort geben muß, nur ungefähr die Hälfte des wirklichen Fanges angeben soll. Alte Naturreligion und christliche Einflüsse vermischen sich bei dem Glauben, daß der Fischer in den heiligen Nächten vor Ostern, Pfingsten und Christi Himmelfahrt die ganze Nacht durcharbeiten solle, weil der Fischfang zu keiner anderen Zeit so gesegnet sei.

Ganz besonders eigentümlich – und keineswegs phantastische Einbildung – ist die Gabe der Vorschau in Pommern und Rügen; hier nennen sie es

«wafeln». So schauen sie Feuersbrünste und stran-
dende Schiffe im voraus wafeln, und so ein Wafeln
soll's auch sein (ist's aber nicht), wenn sie die
versunkenen Städte – wie Vineta – am Ostermorgen in der Meerestiefe ganz deutlich zu sehen
meinen. Es ist in diesen Menschen noch ein starker
Naturtrieb, eine gar mächtige Urstimme, die
durch all die Schlacken und Krusten heraustönt,
die Unbill der Zeiten um den guten, edlen Kern
angesetzt hat. So soll man's nicht Aberglauben,
vielmehr einen Ausdruck tiefen Natursinns nennen, wenn die im Lieper Winkel auf Usedom, die
sonst nicht im besten Leumund der Sittlichkeit
stehen, zu einem, der mit dem Brot spielt und zum
Spiel ein Messer hineinsticht, sagen, «er steche
dem lieben Gott ins Herz».

ERNST ZASTROW

Nach dem Peenemünder Haken

Zinnowitz. In sanftem Bogen schwingt die Küste
nach Norden. Karlshagen, noch eben sichtbar,
grüßt aus dem Waldversteck herüber. Etwa 3 km
nordwärts unser Ziel: der Haken. Wie ein rätsel-
volles Eiland greift er in das Meer hinein. Im Dunst

verblassen die feinen Konturen. Nur hier und da ragt urplötzlich ein Segel, wächst ein Baum in seltsamer Klarheit hoch über den Horizont hinaus. Unwillkürlich und fremd, geheimnisvoll und lockend ist die Ferne.

Im Wandern werfen wir einen schnellen Blick auf die Karte. Zinnowitz – Trassenmoor: 3 km; Trassenmoor – Karlshagen: 3 km; Karlshagen – Peenemünder Haken: 3,5 km; Haken – Dorf Peenemünde: 4 km; zurück über die Gaatz nach Karlshagen: 4½ km. Insgesamt etwa 18 km. Für alle Fälle kann man in Karlshagen oder Peenemünde rasten und am Abend mit dem Omnibus nach Trassenheide zurückkehren. (Omnibus fährt von P. aus nur auf Bestellung).

Wir sind im Wald. Handgroße dreieckige Tafeln zeigen uns den Weg. Nach den heißen Tagen und den reichlich genossenen Sonnenbädern ist die Schattenkühle besonders wohltuend. Kiefernbestandene Dünen begleiten uns zur Rechten, und eine grandiose Gebirgslandschaft im kleinen fesselt das Auge, das gewohnt ist, die Ebenen zu schauen.

Bald lichtet sich der Wald, und vor uns, am Rande eines großen, jetzt zugewachsenen Sumpfes, liegt die Försterei Trassenmoor. In ihrer Nähe findet man noch vereinzelt die für Sumpfgegenden charakteristischen Gagelsträucher, deren Blätter früher als Heilmittel gebraucht wurden. – Vorzeiten, so erzählt man sich, soll ein Fischer namens

Trassen auf dem Heimwege in das Moor geraten sein. Noch heute kann man ihn in Sturmnächten treffen. Da trägt er dann seinen Kopf unter dem Arm, und wer nicht ganz geisterfest ist, mag wohl selber den Kopf verlieren.

Von Trassenmoor führt ein schöner Waldweg nach Karlshagen. Man kann ihn nicht verfehlen. Auch für den nächsten Teil der Wanderung bereitet die Orientierung keine Schwierigkeiten.

Karlshagen – ehemals eine armselige Fischerkolonie – wurde schon vor dem Kriege gerne besucht. Heute scheint es erneuten Zuspruch zu haben, seitdem man die kleinen Badeorte vorzuziehen beginnt. Der Strand von Karlshagen ist nach Norden zu unbeschränkt. Ein Dorado für romantisch veranlagte Sommerfrischler, die ihren Wigwam gern abseits aufschlagen.

Im Spätsommer ist es still hier draußen. Die Städter sind davongezogen wie bunte Sommervögel, die vor der Kälte fliehen. Neue Gäste sind über das Meer zugewandert: Strandläufer, die kecken lappländischen Limosen und die schönen Austernfischer, deren rote Schnäbel und schwarzweiße Kostüme exotisch anmuten.

In den Wäldern längs der Küste lärmen die Stare. Zu Tausenden versammeln sie sich alljährlich in den weiten Strandwiesen, bevor sie ihre große Reise nach Süden antreten. Man muß an überfüllte Bahnhöfe denken, an lachende und vergnügte

Menschen, die auch ihren Sommer hier oben ver-
brachten und die nun gleichfalls nach Süden ziehen.

Der Strand geht zu Ende. Zur Linken springt
der Wald zurück und schafft Raum für die unge-
heuren Wiesenflächen mit ihren Schilf- und Rohr-
plänen. Wir sind am Haken.

Die frische Seeluft hat uns müde gemacht. Irgendwo, zwischen roten und weißen und blauen
Blumen, liegen wir in der Sonne, liegen und träu-
men. Hier ist man König über Raum und Zeit, und
leicht wandern die Gedanken in graue Vergangen-
heit.

Hochsommerliche Hitze brütet im Dickicht.
Stille. Nur die Wellen rauschen an den Strand,
fließen zurück und rauschen wieder. Eine Möwe
schreit über den Dünen. Plötzlich ein tastender
Schritt, ein halblautes Schnaufen eines sichernden
Tieres. Wie aus Erz gegossen verhofft das urige
Wild. Im zottigen Schädel lauern funkelnde
Lichter. Um die mächtigen Lauscher spielt ein
Mückenschwarm. Da – in die Stille hinein ein
klingender Ton. Sechs Pfeilschäfte zittern am Leib
des Tieres. Das steht wie im Krampf, mit bebenden
Flanken und weitgeöffnetem Geäste. Dann bricht
es, ein schwarzer wilder Teufel, durch das Unterholz, und hintendrein hechelt die Meute, hetzen
die Jäger. Zurück bleibt die Stille.

Jahrhunderte später. Hörner schmettern. Eine

Koppel Hunde jault und kläfft. In das Rufen der Männer girrt Frauenlachen. Wolgaster Herzöge jagen am Haken.

Und wieder vergehen Jahrhunderte. Über den blauen Sommerhimmel treiben die Wolken, groß, grau und drohend, mit weißen Köpfen. Noch schauen sie auf eine lichtvolle Landschaft, aber schon grollt der Donner, zucken die Blitze. Gustav Adolf landet. Soldaten überfluten den Haken. Graben, Schachten gelten auf dem weiten Terrain. Noch Freunde der Bevölkerung, bald Marodeure und Mordbrenner. Ringsum flammen die Dörfer auf. In dunklen Nächten retten Einwohner Leben und Gut. Hohlwangig, den Tod im Körper, fliehen sie nach hier, verkriechen sich im Röhricht wie gehetztes Wild.

Sturmnacht. Eisiger Nordost. Steuerlos, mit zerschlagenem Ruder und zerfetzten Segeln, treibt das Schiff vor dem Winde. Sechsmal stuken es die Wellen auf die Sandbank. Sechsmal schlagen Masten und Rahen durcheinander wie dürres Geäst im Wettersturm. Dann kommt das Ende. – Es soll eine Zeit gegeben haben, wo die Leute vom Strandgut reich wurden.

Müde Wellen rauschen an den Strand, fließen zurück und rauschen wieder. Eine Möwe schreit über den Dünen. Ruft uns zurück in bewegte Gegenwart.

Etwa zwei- bis dreihundert Meter in See stehen

Fischreusen. Auf den Pfählen sitzen Kormorane. Merkwürdige Käuze. Den ganzen Tag hocken sie da, den Körper steil aufgerichtet, und warten auf Beute. Zuweilen rudern sie mit den großen Schwingen, und wenn ihnen die Hitze gar zu groß wird, breiten sie die Flügel, recken sich in den Wind und verharren regungslos, bis sie sich abgekühlt haben.

Auf den Sandbänken tummeln sich Stammgäste und ziehendes Volk in buntem Durcheinander. Mantelmöwen schauen tantenhaft auf flinke Strandläufer. Ganz selten zeigen sich die beiden Seeadler, die mit weit klafternden Schwingen durch den funkelnden Himmel ziehen. Dann stehen die Enten zu Hunderten und Tausenden auf.

Brandgänse rauschen vorüber – überall wird es lebendig. In diesem Augenblick bekommt man eine kleine Vorstellung von der Menge und den vielerlei Arten der Vögel, die hier oben hausen oder rasten, und man kann verstehen, daß der Ornithologe zur Zeit des Vogelzuges – also im Frühjahr und Herbst – sich nur schwer trennen kann von diesem pommerschen Vogelparadies.

Doch wir müssen weiter. Der Haken ist Vogelschutzgebiet. Also kehrt! und den Strand zurück! Nach ungefähr dreihundert Metern waten wir durch die Dünen. Der «Strandweg» mit seinen tief ausgefahrenen Geleisen ist bald gefunden, und in fünfzehn Minuten haben wir die Chaussee erreicht. Wir biegen rechts ab, wandern am Forsthaus vorbei und lassen den Wald zurück.

Vor uns – im Sonnenglast der Mittagsstunden – weitet sich schattenlose Ebene. Koppeln, dann und wann braungoldene Ackerstreifen und wieder Koppeln und Koppeln. Schwarzweiße Kühe weiden darin. Eichen sind ihre Wächter. In den zerzausten Wipfeln singen die Herbst- und Frühlingsstürme dröhnende Lieder. Heute harft Sonnenwind in den Blättern, und ein Rotkehlchenlied klingt müde darein. – Wenn der Abend mit dunklen Gluten über den Strom kommt, klappern hier die Melkeimer der Fischerfrauen, und die Jungen klettern in die knorrigen Äste, schauen hinüber nach der schimmernden See und den glutroten Segeln. Am Himmel aber reisen die Wolken, kleine leuchtende Wolken.

Es lohnt nicht, von den alten baufälligen Ziehbrunnen zu reden, die hier und dort in den Koppeln anzutreffen sind, von den hölzernen Karrenpflügen, mit denen die Fischer und Bauern wie vorzeiten ackern, oder von all den andern Dingen, die uns begegnen und bestenfalls amüsieren, weil sie aus einer anderen Zeit stammen: Man muß diese einfache, aber einzigartige Landschaft in ihrer Ganzheit schauen, sie mit allen Sinnen zu erfassen suchen und sich ganz von ihr beeindrucken lassen. Dergestalt «er»schauend wird uns auch die kahle zwei Kilometer lange Chaussee bis zum Dorf nicht langweilen. Überdies ist die Ferne mit dem schwingenden Rhythmus der Täler und Höhen reizvoll genug, um über die kurze Wegstrecke hinwegzuhelfen, und sehr bald sind wir im Dorf, das sich hart am Rande des breiten Stromes ausbreitet.

Peenemünde hat eine ebenso alte wie interessante Geschichte. Schon um 1250 taucht der Name in der Chronik auf. Damals, aber besonders in der nächstspäteren Zeit, hatte der Ort eine gewisse Bedeutung. Wolgast und Stettin blühten mächtig auf. Die Peene, auf der die Frachten der reichen Kaufleute nach Norden oder Süden schwammen, war der meistbefahrene Arm der Oder, dessen Zugang von Peenemünde aus leicht und nachdrücklich bewacht werden konnte. An der Schanze und auf dem Dänholm haben sich um die Beherrschung eben dieses Zugangs blutige Kämpfe abgespielt. Am 26. Juni 1630 hatte Peenemünde den bedeutsamsten Tag. Gustav Adolf landete in der Gegend der Schanze, um in den Dreißigjährigen Krieg einzugreifen.

Jahrhunderte sind seitdem vergangen. Peenemünde ist das ruhige, weltentlegene Fischerdorf geblieben. Freilich, vieles ist inzwischen anders geworden, aber hier und da scheint es doch, als wäre die Zeit still gestanden und als hätte eine Dornröschenhecke den Zauber vergangener Tage behütet. Zwischen roten und weißen Blüten stehen uralte freundliche Wendenhäuser mit blauweiß getünchten Mauern und großmächtigen, moosbewachsenen Rohrdächern, die fast herabreichen bis auf die bunten Beete. Menschen, die nicht mehr hineingehören in unsere lärmende Zeit, gehen in den dunklen Kammern um, und in der Küche wartet der Herd wie zu Urgroßmutters Zeiten. Auf dem Dreibein, über glühenden Holzscheiten, singt der Kessel, und eine Katze sitzt auf dem Fensterbrett und blinzelt in die Septembersonne.

Es gibt noch manches, wovon man erzählen könnte. Wer geruhsam wandert, mit offenen Augen verweilt und sich auch abseits der Straße umtut und hier- und dahin schaut, der wird das finden, was ich meine. Wer aber im kessen Sechssitzer durch die kurze Hauptstraße zum Bollwerk hinunterjagt, wendet und zurückbraust, der ist zwar in Peenemünde gewesen, aber gesehen hat er nichts.

Es ist spät geworden, und wir müssen an den Heimweg denken. Am Gaatzer Ende verlassen wir das Dorf. Zwischen Koppeln und weidendem Vieh führt uns der schmale Wiesenweg am Strom entlang. Nun sind wir am Brückengraben. Ehemals fuhren hier plumpe Kähne und holten Holz und Torf aus der Waldung. Heute ist der Kanal versumpft. Mit einem Boote vermag man noch zum schwarzen See vorzudringen, der in einiger Entfernung wie das Auge eines boshaften Feindes aus dem Röhricht hervordunkelt.

Kurz vor dem einsamen Vorwerk Gaatz über-
queren wir die Brandheide. Noch zwanzig Minuten und wir sind in Karlshagen.

Zum letztenmal fliegt der Blick zurück. Die
Abendsonne verschenkt ihr schönstes Leuchten,
und die Heide flammt auf, grüßt uns zum Abschied.

THEODOR FONTANE

Wie wir draußen spielten, an Strom und Strand

... Aus sogenannten Schlüsselbüchsen schießen,
war ein Hauptvergnügen. Es wird solche Schlüsselbüchsen unter Großstadtkindern kaum noch
geben, und deshalb möcht ich sie hier beschreiben
dürfen. Es waren Hohlschlüssel von ganz dünner
Wandung, also sozusagen mit ungeheurer Seele,
womit die Wäschetruhen und namentlich die Tru-
hen der Dienstmädchen zugeschlossen wurden.
Solche Schlüssel uns anzueignen war unser bestän-
diges Bemühen, worin wir bis zur Piraterie gingen.
Wehe dem armen Dienstmädchen, das den Schlüssel abzuziehen vergaß – sie sah ihn nie wieder. Wir
bemächtigten uns seiner, und durch die einfache
Prozedur eines Zündlocheinfeilens war nun die

Schußwaffe hergestellt. Da diese Schlüssel immer rostig, mitunter auch schon ausgesplittert waren, so war es nichts Seltenes, daß sie sprangen; wir kamen aber immer heil davon. Der Engel half.

Ungleich gefährlicher waren die beständig geübten Feuerwerkskünste. Ich hatte mich mit Hilfe von Schwefel und Salpeter, die wir in der Apotheke bequem zur Hand hatten, zu einem vollständigen Pyrotechniker herangebildet, dabei von meiner Papp- und Kleisterkunst sehr wesentlich unterstützt. Alle Sorten von Hülsen werden mit Leichtigkeit hergestellt, und so entstanden Sonnen, Feuerräder und pot à feu's. Oft weigerten sich diese Schöpfungen, ihre ihnen zugemutete Schuldigkeit zu tun, und wir warfen sie dann zusammen und zündeten den ganzen Haufen mißglückter Herrlichkeit mit einem Schwefelfaden an, abwartend, was draus werden würde. All das war ziemlich gefahrlos. Desto gefahrvoller für uns war aber das, was in der Pyrotechnik als das einfachste und niedrigststehende Produkt gilt und auch von uns so angesehen wurde: der Schwärmer. Dieser, wenn ich die Mischung verfehlt haben mochte, wollte häufig nicht recht brennen, was mich immer sehr verdroß. Wenn sich ein Feuerrad zu drehen weigerte, nun, das ging allenfalls; ein Feuerrad war eine vergleichsweise künstliche Sache; ein Schwärmer aber mußte brennen, und wenn er trotzdem nicht wollte, war das eine Schändlichkeit, die man nicht hinnehmen durfte. So bückte ich mich denn über die in einen Sandhaufen gesteckten Hülsen und begann zu pusten, um dem erlöschenden Zündschwamm neues Leben zu geben. Erlosch er dabei völlig, so war das eigentlich das Beste, ging es aber plötzlich los, so wurde mir das Haar versengt oder die Stirn verbrannt. Schlimmeres kam nicht vor. Der Engel schützte mich eben mit seinem Schild.

Das war das Element des Feuers. Aber auch mit dem Wasser machten wir uns zu schaffen, was in einer Seestadt nicht wundernehmen durfte.

Herbst 31 war mir von einem Berliner Anverwandten eine Kanone als Geschenk verehrt worden, nicht etwa ein gewöhnliches Kinderspielzeug, wie man es beim ersten besten Kupferschmied oder Zinngießer kaufen kann, sondern eine sogenannte Modellkanone, wie man ihnen nur in Zeughäusern begegnet – ein wahres Prachtstück an Schönheit und Eleganz, die Lafette fest und sauber, das Geschützrohr blitzblank und wohl fast anderthalb Fuß lang. Ich war selig und beschloß alsbald, zu einem Bombardement von Swinemünde zu schreiten. Zwei Jungens meines Alters und mein jüngerer Bruder bestiegen mit mir ein an «Klempins Klapp» liegendes Boot, und nun fuhren wir, die Kanone vorn am Steven, flußabwärts. Als wir etwa in Höhe des Gesellschaftshauses waren, hielt ich die Zeit zum Beginn der Beschießung für gekommen und gab drei Schuß ab, bei jedem Schuß abwartend, ob wir vom Bollwerk aus beobachtet und in dem Ernst unsres Tuns gewürdigt würden. Beides blieb jedoch aus. Was aber nicht ausblieb, das war, daß wir inzwischen in die Strömung hineingeraten waren und, von dieser gefaßt und getrieben, uns mit einem Male zwischen den Molendämmen sahen. Und nun erfaßte mich eine furchtbare Angst. Ging das so weiter, so waren wir in zehn Minuten draußen und konnten dann auf Bornholm und die schwedische Küste zufahren. Es war eine ganz verteufelte Situation, und wir griffen zuletzt zu dem wenigst tapferen, aber doch schließlich verständigsten Mittel und begannen, ungeheuer zu schreien, zugleich winkend und schwenkend, und erwiesen uns überhaupt als geradezu erfinderisch in Notsignalen. Endlich wurden wir von einigen auf der Westmole stehenden Lotsen bemerkt, die nun mit dem Finger drohten, aber doch auch vergnüglich dreinschauend uns schließlich ein Tau zuwarfen. Und damit waren wir aus der Gefahr heraus. Einer der Lotsen kannte mich, weil sein Junge zu meinen Spielgefährten gehörte. Das machte denn auch wohl, daß wir mit ein paar nicht allzu schlimmen Ehrentiteln davonkamen. Ich nahm meine Kanone unter den Arm und hatte noch die Befriedigung, sie bewundert zu sehen. Dann ging ich nach Hause, nachdem ich versprochen hatte, Hans Ketelböter, einen großen Schiffersjungen, der ganz in unsrer Nähe wohnte, hinauszuschicken, um das inzwischen an einem Pfahl befestigte Boot zurückzurudern. – Dies war unter den Wasserfährlichkeiten die aparteste, aber keineswegs die gefährlichste. Die gefährlichste war zugleich die alleralltäglichste, weil beim Baden in der See beständig wiederkehrende. Wer die Ostseebäder kennt, kennt auch die sogenannten «Reffs». Es werden darunter die hundert oder zweihundert Schritt in See hinein, parallel mit dem Ufer laufenden und oft nur von wenig Wasser überspülten Sandstreifen verstanden, auf denen die Badenden, wenn sie die zwischenliegenden tiefen Stellen passiert haben, wieder ausruhen können. Und damit sie genau wissen, wo diese Stellen sind, sind rote Fähnchen auf diesen Sandriffen angebracht. Hier lag nun für mich die tägliche Verführung. War es still und alles normal, so reichten meine Schwimmkünste gerade aus, glücklich über die tiefen Stellen wegzuschwimmen und das zunächst gelegene Reff zu erreichen, lag es aber minder günstig oder ließ ich mich wohl gar aus Zufall zu früh nieder, so daß ich keinen festen Grund unter den Füßen hatte, so war auch der Schreck und mitunter die Todesangst da. Glücklich bin ich jederzeit herausgekommen. Aber nicht durch mich. Kraft und Hilfe kamen von woanders her.

Eine weitere Wassergefahr, die zu bestehen mir noch beschieden war, hatte nichts mit der See zu tun, sondern spielte sich auf dem Strom ab, dicht am Bollwerk, keine fünfhundert Schritt von unserm Hause. Davon erzähle ich auch noch in diesem Kapitel, aber zuvörderst schiebe ich hier ein anderes kleines Vorkommnis ein, bei dem kein Engel zu helfen brauchte.

Schwimmen konnte ich nicht recht und steuern und rudern auch nicht; zu *den* Dingen aber, auf die ich mich gut, ja sehr gut verstand, gehörte das Stelzenlaufen. Unserer Familientradition nach stammen wir, wie erzählt, aus der Gegend von Montpellier, während ich persönlich meinem virtuosen Stelzenlaufen nach eigentlich aus den Landes stammen müßte, wo die Menschen wie mit ihren Stelzen verwachsen sind und diese kaum abschnallen, wenn sie sich zur Ruhe legen. Also kurz und gut, ich war ein brillanter Stelzenläufer und hatte vor denen in der westlichen Garonnegegend, wo die sehr niedrigen «échasses» zu Hause sind, noch das voraus, daß ich den Kothurn nicht hoch genug kriegen konnte, denn die an der Innenseite meiner Stelzen befestigten Holzklötzchen saßen wohl drei Fuß hoch. Und nun unter Anlauf und gleichzeitiger Schräglegung und Einstemmung der beiden Stangen brachte ich es dahin, mich mit Sicherheit auf die Stelzenklötze hinaufschwingen und sofort meinen Riesenschritt antreten zu können. Für gewöhnlich war das nichts als eine brotlose Kunst, aber ein paarmal hatte ich doch Vorteil davon, indem ich mich mit Hilfe meiner Stelzen einem sich über mir zusammenziehenden Gewitter entziehen konnte. Das war in den Tagen, als Hauptmann Ferber, der bis dahin bei den «Neufchatellern» gestanden, sich als Pensionär nach Swinemünde zurückgezogen hatte.

Ferber, den die Swinemünder um seiner Neufchatellerschaft willen französierten und Teinturier nannten, war aus sehr guter Familie, wenn ich nicht irre, Sohn eines hohen Beamten im Finanzministerium, welcher letztre sich außerdem noch, aus den Anno dreizehner Kriegszeiten her, alter Beziehungen zum Hofe rühmen durfte. Dies war auch wohl Grund, daß dem Sohne, trotz Nichtadels und deutscher Abstammung (die Neufchateller Offiziere waren damals noch vorwiegend französische Schweizer), der Eintritt in das Elitebataillon ermöglicht wurde. Hier war er wohlgelitten, weil er klug, guter Kamerad und außerdem sogar Schriftsteller war. Er schrieb Novellen nach damals üblichen Mustern. Aber aller Wohlgelittenheit zum Trotz konnte er sich nicht halten, weil seine Vorliebe für Kaffee mit Kognak, die sich bald auf letzteren beschränkte, so rapide wuchs, daß er den Abschied nehmen mußte. Seine Übersiedlung nach Swinemünde hatte wohl darin ihren Grund, daß Seestädte für derartige Passionen besser passen als Binnenstädte. Kognakvorliebe fällt da weniger auf.

Gleichviel indessen, was der Grund sein mochte, Ferber war an seinem neuen Wohnort bald ebenso beliebt wie vorher in Berlin, denn er hatte jene Charaktergütigkeit, die «der Flasche liebstes Kind» ist. Von meinem Papa hielt er sehr viel, was dieser erwiderte. Doch war diese Freundschaft nicht gleich von Anfang an da, sondern entwickelte sich erst aus einer kleinen Kontroverse bzw. Niederlage meines Vaters, zu dessen liebenswürdigen Eigentümlichkeiten es gehörte, seinen Ärger über eine «Déroute» spätestens nach vierundzwanzig Stunden in Anerkennung und beinahe Huldigung umzusetzen. Mit dieser Niederlage aber verhielt es sich so. Von seiten Ferbers war eines Tages behauptet worden, daß man wohl oder übel einen Deutschen als den «Vater der Französischen Revolution» ansehen müsse, denn Minister Necker, wenn auch in Genf geboren, sei der Sohn oder Enkel eines Küstriner Postmeisters gewesen – eine, so schien es meinem Vater, ganz stupende Behauptung, die denn auch seinerseits mit beinahe überheblicher Miene bekämpft worden war, bis sie sich schließlich als im wesentlichen richtig herausstellte. Da schlug denn sofort bei meinem Papa das aus seiner Überzeugung von seinem besseren Wissen erwachsene Selbstgefühl zunächst in Respekt, dann in Freundschaft um, und noch zwanzig Jahre später, wenn wir von unserem Oderbruchdorfe aus nach dem benachbarten Küstrin hineinfuhren, sagte er regelmäßig, ohne je bei Kronprinz Fritz oder Kattes Enthauptung zu verweilen: «Ja, hier aus Küstrin stammte auch Necker, den man den ‹Vater der Französischen Revolution› nennen kann. Das verdanke ich Ferber, Hauptmann Ferber, den wir Teinturier nannten. Schade, daß er von dem Aquavit nicht lassen konnte. Mitunter war es ein Jammer.»

Ja, ein Jammer war es, nur nicht für uns Kinder, die wir umgekehrt immer in einen Jubel ausbrachen, wenn der Hauptmann, in oft ziemlich desolatem Kostüm, die große Kirchenstraße heraufgetaumelt kam, um irgendwo seine Frühstücksstunde fortzusetzen. Wir folgten ihm dann in kurzer Entfernung und neckten und reizten ihn so lange, bis er den einen oder andern von uns zu fangen und abzustrafen suchte. Mitunter gelang es ihm auch; ich aber entkam ihm jedesmal mit Leichtigkeit, weil ich für meine Neckereien immer nur solche Tage wählte, wo es kurz vorher stark geregnet hatte. Dann stand auf dem Straßendamme zwischen unserm Haus und der Kirche drüben ein ungeheurer Wasserpfuhl, der nun mein Nothafen wurde. Meine Stelzen schräg unterm Arm, sprang ich auf diese, sobald ich merkte, daß mir Teinturier trotz seines Zustandes dicht auf den Fersen war, mit einem raschen Rucke hinauf und marschierte nun triumphierend in den Wasserpfuhl hinein. Da stand ich dann wie ein Storch auf einem Stelzen und präsentierte mit dem andern unter fortgesetzter Verhöhnung. Fluchend und drohend zog er weiter, der arme Hauptmann. Aber er hütete sich, seine Drohung wahrzumachen, weil er sich in seinen guten Stunden nicht gern an die schlimmen erinnern mochte.

Wir hatten verschiedene Spielplätze. Der uns liebste war aber wohl der am Bollwerk, und zwar gerade da, wo die mehrerwähnte, von unserm Hause abzweigende Seitenstraße einmündete. Die ganze Stelle war sehr malerisch, besonders auch im Winter, wo hier die festgelegten und ihrer Obermasten entkleideten Schiffe lagen, oft drei hintereinander, also bis ziemlich weit in den Strom hinein. Uns hier am Bollwerk herumzutummeln und auf den ausgespannten Tauen, so weit sie dicht über dem Erdboden hinliefen, unsere Seiltänzerkünste zu üben, war uns gestattet, und nur eines stand unter Verbot: Wir durften nicht auf die Schiffe gehn und am wenigsten die Strickleiter hinauf bis in den Mastkorb klettern. Ein sehr vernünftiges Verbot. Aber je vernünftiger es war, desto größer war unser Verlangen, es zu übertreten, und bei «Räuber und Wandersmann», das wir alle sehr liebten, verstand sich diese Übertretung beinahe von selbst. Entdeckung lag überdies außerhalb der Wahrscheinlichkeit; die Eltern waren entweder bei ihrer «Partie» oder zu Tisch geladen. «Also nur vorwärts. Und petzt einer, so kommt er noch schlimmer weg als wir.»

So dachten wir auch eines Sonntags im April 31. Es muß um diese Jahreszeit gewesen sein, weil mir noch der klare und kalte Luftton deutlich vor Augen steht. Auf dem Schiffe war keine Spur von Leben und am Bollwerk keine Menschenseele zu sehn, was mir des ferneren beweist, daß es ein Sonntag war.

Ich, als der älteste und stärkste, war natürlich Räuber, und acht oder zehn kleinere Jungens – unter denen nur ein einziger, ein Illegitimer, der, wie zu Begleichung seiner Geburt, Fritz Ehrlich hieß, es einigermaßen mit mir aufnehmen konnte – waren schon vom Kirchplatz her, wo wie gewöhnlich die Jagd begonnen hatte, dicht hinter mir her. Ziemlich abgejagt kam ich am Bollwerk an, und weil es hier keinen anderen Ausweg für mich gab, lief ich über eine breite und feste Bohlenlage fort auf das zunächst liegende Schiff hinauf. Die ganze Meute mir nach, was natürlich zur Folge hatte, daß ich vom ersten Schiff alsbald aufs zweite und vom zweiten aufs dritte mußte. Da ging es nun nicht weiter, und wenn ich mich meiner Freunde trotzdem erwehren wollte, so blieb mir nichts anderes übrig, als auf dem Schiffe selbst nach einem Versteck oder wenigstens nach einer schwer zugänglichen Stelle zu suchen. Und ich fand auch so was und kletterte auf den etwa mannshohen, neben der Kajüte befindlichen Oberbau hinauf, darin sich neben andren Räumlichkeiten gemeinhin auch die Schiffsküche zu befinden pflegte. Etliche in die steile Wandung eingelegte Stufen erleichterten es mir. Und da stand ich nun oben, momentan geborgen, und sah als Sieger auf meine Verfolger. Aber das Siegesgefühl konnte nicht lange dauern; die Stufen waren wie für mich, so auch für andre da, und in kürzester Frist stand Fritz Ehrlich ebenfalls oben. Ich war verloren, wenn ich nicht auch jetzt noch einen Ausweg fand, und mit aller Kraft und, soweit der schmale Raum es zuließ, einen Anlauf nehmend, sprang ich von dem Küchenbau her über die zwischenliegende Wasserspalte hinweg auf das zweite Schiff zurück und jagte nun wie von allen Furien verfolgt wieder aufs Ufer zu. Und nun hatt ich's, und den Frei-Platz vor unsrem Hause zu gewinnen, war nur noch ein kleines für mich. Aber ich sollte meiner Freude darüber nicht lange froh werden, denn im selben Augenblicke fast, wo ich wieder festen Boden unter meinen Füßen hatte, hörte ich auch schon von dem dritten und zweiten Schiff her ein jämmerliches Schreien und dazwischen meinen Namen, so daß ich wohl merkte, da müsse was passiert sein. Und so schnell wie ich eben über die polternde Bohlenlage ans Ufer gekommen, ebenso schnell ging es auch wieder über dieselbe zurück. Es war höchste Zeit. Fritz Ehrlich hatte mir den Sprung von der Küche her nachmachen wollen und war dabei, weil er zu kurz sprang, in die zwischen dem dritten und zweiten Schiff befindliche Wasserspalte gefallen. Da steckte nun der arme Junge, mit seinen Nägeln in die Schiffsritzen hineingreifend; denn an Schwimmen, wenn er überhaupt schwimmen konnte, war nicht zu denken. Dazu das eiskalte Wasser. Ihn von obenher so ohne weiteres abzureichen war unmöglich, und so griff ich denn nach einem von der einen Strickleiter etwas herabhängenden Tau und ließ mich, meinen Körper durch allerlei Künste nach Möglichkeit verlängernd, an der Schiffswand so weit herab, daß Fritz Ehrlich meinen am weitesten nach unten reichenden linken Fuß gerade noch fassen konnte. Oben hielt ich mich mit der rechten Hand. «Pack zu, Fritz.» Aber der brave Junge, der wohl einsehen mochte, daß wir beide verloren waren, wenn er wirklich fest zupackte, beschränkte sich darauf, seine Hand leise auf meine Stiefelspitze zu legen, und so wenig dies war, so war es doch gerade genug für ihn, sich über Wasser zu halten. Vielleicht war er auch aus natürlicher Beanlagung ein sogenannter «Wassertreter» oder hatte, was schließlich noch wahrscheinlicher, das bekannte Glück der Illegitimen. Gleichviel, er blieb in der Schwebe, bis Leute vom Ufer her herankamen und ihm einen Bootshaken herunterreichten, während andre ein an «Hannemanns Klapp» liegendes Boot losmachten und in den Zwischenraum hineinfuhren, um ihn da herauszufischen. Ich meinerseits war in dem Augenblick, wo der rettende Bootshaken kam, von einem mir Unbekannten von oben her am Kragen gepackt und mit einem strammen Ruck wieder auf Deck gehoben worden. Von Vorwürfen, die sonst bei solchen Gelegenheiten nicht ausbleiben, war diesmal keine Rede. Den triefenden, von Schüttelfrost gepackten Fritz Ehrlich brachten die Leute nach einem ganz in der Nähe gelegenen Hause, während wir andern, in kleinlauter Stimmung, unsern Heimweg antraten. Ich freilich auch gehoben, trotzdem ich wenig Gutes von der Zukunft erwartete.

Meine Befürchtungen erfüllten sich aber nicht. Im Gegenteil. Am andern Vormittag, als ich in die Schule wollte, stand mein Vater schon im Hausflur und hielt mich fest, denn Nachbar Pietzker, der gute Zipfelmützenmann, hatte wieder geplaudert. Freilich mehr denn je in guter Absicht.

«Habe von der Geschichte gehört ...», sagte mein Vater. «Alle Wetter, daß du nicht gehorchen kannst. Aber es soll hingehen, weil du dich gut benommen hast. Weiß alles. Pietzker drüben ...»

Und damit war ich entlassen.

Wie gerne denk ich daran zurück, nicht um mich in meiner Heldentat zu sonnen, sondern in Dank und Liebe zu meinem Vater. So muß Erziehung sein. Der liebenswürdige Mann, wenn er zum Strafen abkommandiert wurde, traf ers nicht immer glücklich, wenn er aber seinem unmittelbaren Gefühle folgen konnte, traf ers desto besser.

GEORG ENGEL

Ostseefrühling

Der weite, gelbe, sanfte Strand von Swinemünde liegt vor mir, der größte und umfangreichste, der von dem gütigen Meer der Ostseeküste geschenkt wurde. Wer auch nur eine Minute auf diesem gelben, hundert Meter breiten Streifen weilt, der empfindet sofort wohltätig, welch ein feines, vornehmes, ruhiges Air über diesem wirklich großen Ostseebad waltet. Kein Lärm, keine unnötigen Musikorgien, kein wüstes Kindergebrüll stört den Fremden. Nein, es ist, als ob auch die Kinder von dem aristokratischen Hauch, der das ganze Bad durchzieht, ergriffen worden seien. – Obwohl auch in Swinemünde viel Geld gefordert und ausgegeben wird, so geschieht es doch in leiser, unauffälliger Weise. Auch braucht man in diesem Sommerkurort auf städtische Genüsse keineswegs zu verzichten. Ganz unmerklich geht die Villenstadt in das alte Fischerstädtchen über. Es sind fast lauter kleine einstöckige Häuser, die trotz des Steinmaterials ihre Abkunft von den strohgedeckten Fischerkaten kaum verleugnen können.

Sonnendurchflutete Ruhe leuchtet über dem ganzen Städtchen. Träumend im süßen Behagen des Nichtstuns war ich die schattigen Laubengänge herabgeschritten, die die hochelegante Badekolonie mit diesem Innenstädtchen verbindet. Von ferne verschwanden die weißen Mauern entzückend sauberer und neuer Villen, die sich fast alle grün glasierte Ziegelkappen bis tief über die Stirn gezogen haben. Sie sehen aus wie weißgekleidete Strandfräuleins, die sich um das Haar grüne Florschleier zum Schutz gegen den neckischen Seewind wanden.

An der rechten Seite der Straße zogen sich, hügelig ansteigend, die üppigsten Gartenanlagen hin, und drinnen dunkelten efeuübersponnene Pappeln sowie breitausladende, rissige Eichen, wilde Rosenranken schlangen ein undurchdringliches Netz hinein. Alte, verrostete Gitter zäunten jene endlos sich hinziehenden Gärten ein.

KARL BAEDEKER

Mit dem Dampfschiff von Stettin nach
Swinemünde und Rügen

Die Fahrt auf dem belebten Flusse und dem Großen Haff (Binnensee) ist höchst anmutig und
unterhaltend. Die Oder wird durch Baggermaschi-
nen stets in gehöriger Tiefe erhalten, sie ist anfangs
schmal. Die Abfahrt von Stettin gewährt ein male-
risches Bild. Brücke und Werft sind gewöhnlich
mit Menschen zahlreich besetzt, Hunderte von
Flaggen und Wimpeln flattern in den Lüften, die
Stadt steigt amphitheatralisch am Abhange empor,
hoch von dem stattlichen Schlosse überragt, ge-
werbliche Anlagen mancherlei Art ziehen sich am
Ufer hin.

Frauendorf, ein viel besuchter Vergnügungsort
mit seinen grauen Häusern und einem ansehnli-
chen Wirtshause blickt am Abhange links aus Bäu-
men hervor, zur Rechten sieht man auf weiter
Strecke nur Wiesenland.

Dann berührt das Boot den Dammschen See,
läßt links die kleine Stadt Pölitz und läuft in das
breitere Papenwasser, zwei Stunden nach der Abfahrt von Stettin aber in das Große Haff ein,
nachdem sich rechts die kleine Stadt Stepenitz
gezeigt hat.

Das Große Haff hat einen Umfang von sechzehn Meilen; die westliche Küste ist dem Auge des Dampfbootfahrers zeitweise entrückt. Aus diesem weiten Wasserbecken ergießt sich die Oder durch drei Mündungen, Peene, Swine und Dievenow genannt, in die Ostsee, wodurch zwei große Inseln gebildet werden, Usedom, auf welcher Swinemünde liegt, wo der Schwedenkönig Gustav Adolph am 24. Juni 1630 mit einem Heere von 17 000 Mann landete, und Wollin, mit der Stadt gleichen Namens, die vom Boote aus sichtbar ist. Wenn dieses das Haff verläßt und in die Swine einläuft, zeigen sich rechts die Lebbiner Sandberge mit ihren waldgekrönten Abhängen. Auch hier sind die Dampfbagger stets in Tätigkeit, das Fahrwasser in gehöriger Tiefe zu erhalten.

Bald legt nun das Boot bei Swinemünde (Drei Kronen, Kronprinz) an, dem Hafen von Stettin für die größten Schiffe, deren, namentlich russische, hier häufig vor Anker liegen. Die zahlreichen saubern Häuser und Gasthöfe kündigen Swinemünde zugleich als Seebad an. Die Bäder liegen eine halbe Stunde von der Stadt, doch werden die zu Heringsdorf, eine Stunde von hier, von vielen wegen der ländlichen Abgeschiedenheit und hübschen Lage, besonders wegen des reinern Seewassers und kräftigern Wellenschlages vorgezogen.

Vineta, die sagenhafte üppige Hauptstadt und Meerveste der wendischen Anwohner der Ostsee, soll am Fuße des Streckelberges, drei Meilen nordwestlich von Swinemünde, ebenfalls auf Usedom, gelegen haben, bis vor undenklichen Zeiten das Meer sie bedeckte. Ihre zahlreichen Türme und Paläste erblicken Seher heute noch tiefer unter der blauen Flut, während weniger poetische Gemüter darin nur Felsen und Klippen sehen. Die Aussicht von dem hundertfünfzig Fuß hohen Streckelberg übertrifft die gerühmte vom Rugard auf Rügen. Bei Karstädt zu Koserow in der Nähe des Berges findet der Wanderer gute Unterkunft.

Das Boot verläßt Swinemünde und fährt nun durch die Molen, lange ins Meer spitz auslaufende Steindämme, 1829 vollendet, zum Schutz gegen das Versanden der Swine, an deren Ende sich ein Feuerturm befindet. Dann verkündet ein je nach Wind und Wetter mehr oder weniger fühlbares Schwanken des Bootes die offene See. Bei heiterer windstiller Luft ist das Meer selbst nervenschwachen Naturen nicht gefährlich, unter andern Umständen aber erleiden wohl Stärkere selbst auf dieser kurzen Fahrt einen Anfall der Seekrankheit. Das einzige Mittel, sich vor derselben zu schützen, besteht darin, sich beim Annähern derselben flach auf den Rücken zu legen, so daß das Schwanken des Bootes nicht fühlbar wird.

Zur Rechten schweift das Auge über die unermeßliche Wasserfläche, während links die waldbedeckte Küste von Usedom, weiterhin das pommersche Festland mit den Türmen von Greifswald und Wolgast, und vor dem Einflusse der Peene die kleine Insel Uden, nur von einigen Lotsen bewohnt, erscheinen. Zur Rechten tauchen die steil abfallenden Ufer der Greifswalder Oie (Aue, Insel) aus dem Meere auf, im Hintergrund tritt immer deutlicher die Insel Rügen in die Erscheinung, namentlich der östlichste Punkt, das Vorgebirge Peerd auf der Halbinsel Mönchgut. Das Boot durchfährt nun den Rügianischen Bodden (Bucht) bei der kleinen Insel Vilm vorbei und landet zu Lauterbach, wo stets Wagen bereit stehen, um die Ankommenden nach dem eine halbe Stunde entfernten Putbus zu bringen.

WILHELM CORNELIUS

Swinemünde

Wir trafen es so glücklich, daß am anderen Morgen in der Frühe ein Dampfschiff nach Swinemünde abging, und versäumten nicht, zur rechten Zeit uns an Bord der eleganten «Kronprinzessin» einzufinden. Die Glocke läutete, die Taue wurden gelöst, und unter dem Aufwirbeln des Rauchs und dem Rauschen der Räder begann die Fahrt; erst langsam, dann immer brausender und schneller. Die schönen Punkte Grabow, Bredow, Züllchow, das liebliche Frauendorf, das stufenartig unter dichten Baumgruppen am Abhang hinaufsteigend liegt, Gotzlow, Cavelwisch, Stolzenhagen u. a. treten uns nun nochmals vors Auge, und die Fahrt hat, bis die Ufer flacher und endlich ganz flach werden, in der Tat etwas Reizendes. Interessant ist es, wie am frühen Morgen aus den Uferdörfern die Landbewohner mit Bedürfnissen aller Art in kleinen Kähnen nach Stettin eilen und nun ihre liebe Not haben, an dem Dampfschiff, welches das schmale Fahrwasser fürchterlich in Bewegung bringt, glücklich vorbeizukommen. Die Glocke des Schiffs gibt dann das warnende Zeichen, und die Kähne suchen das schützende Ufer zu gewinnen. Nachdem wir links an der Stadt Pölitz, rechts an den Dörfern Camelshorst, Langenberg u. a. vorbeigefahren sind, wird endlich am Oderkrug, der als einzelnes Haus auf dem linken Ufer liegt, der Strom so eng, daß das Dampfschiff kaum Raum für seine Bewegung gewinnt; bald aber erweitert sich das Fahrwasser, wir gelangen durch den sogenannten Dammansch in das Papenwasser, an dem die Stadt Stepnitz sichtbar wird, und fahren dann in die große, weite Fläche des Haffs, das sich in einer Ausdehnung von 14 bis 15 Quadratmeilen vor uns ausbreitet. Aus diesem Bassin strömt die Oder durch drei Mündungen, welche die Inseln Usedom und Wollin bilden, ins Meer: durch die Peene, an Wolgast vorüber, bei Peenemünde; durch die Swine bei Swinemünde und endlich durch die Dievenow bei Cammin. Da wir nach Swinemünde wollen, müssen wir den mittleren der drei Ströme befahren, und das Fahrwasser ist hier so bedeutend, die Fahrt oft so stürmisch und schwankend, daß man wähnt, sich auf offener See zu befinden, während hier doch überall der Tod nur im süßen Wasser zu finden ist.

Am linken Ufer des Haffs, dort, wo das Papenwasser aufhört, erblicken wir Ziegenort, weiterhin Neuwarp, und rechts in bedeutender Entfernung ragen die Türme des alten Wollin hervor. Ist der Einfluß der Swine erreicht, so ist links Caseburg, rechts weiter hinauf Pritter bemerkbar, und es währt nun nicht mehr lange, so erscheint uns Swinemünde als eine bescheidene Häuserreihe, mit zahllosen Masten voll flatternder Wimpel festlich geschmückt...

Die uns links gelegene Insel Usedom, die wir mit Swinemünde betreten, ist bei weitem schöner, größer, bebauter und volkreicher als Wollin. Sie ist vom Wasser höchst abenteuerlich zerkerbt und läuft an einigen bereits sehr schmalen Erdzungen Gefahr, zerrissen zu werden. Die Insel zerfällt dadurch in sich wieder in unendlich viele Halbinseln, die Winkel genannt werden, von denen der Wolgaster, der Lieper und der Zechiner Winkel die hauptsächlichsten sind. Der Wolgaster Winkel mit der waldreichen Halbinsel Gnitz hat schöne, frisch-kräftige Partien und ist ein Paradies für Freunde der Jagd. Da wir nur die romantischen Küstenpunkte der Insel in Augenschein zu nehmen willens sind, so sei hier nur bemerkt, daß außer Swinemünde, das wir bereits erreicht haben und bald näher betrachten werden, noch ein Städtchen Usedom existiert, das sehr alt ist und ehemals, bevor es im Jahre 1473 ganz niederbrannte, groß und volkreich war ...

Kehren wir nun aus der dunklen Zeit der Sage zur hellen Gegenwart zurück, so erblicken wir in Swinemünde eine blühende Hafenstadt, in der noch kein Haus ein hundertjähriges Alter nachweisen kann. Die Stadt liegt in großer Ausdehnung, jedoch sehr geringer Breite an dem weiten Bassin des Swinestroms, den man an seiner Mündung durch zwei mächtige Steindämme eingeengt hat, damit er an Kraft gewinne und dem ewig andrängenden Sand den Eingang in den Hafen verwehre. Die Straßen Swinemündes sind gerade und breit, jedoch ungepflastert, die Häuser sauber, freundlich, einstöckig und meist mit Erkern versehen. Die Bäume, die hier fast vor allen Türen stehen, sind gewöhnlich in steifem holländischem Geschmack kasten- oder kugelförmig beschnitten, doch soll ganz kürzlich ihr Coiffeur in seinem Beruf gestorben sein, indem er von der Leiter stürzte, als er just wieder einmal in gotteslästerlicher Weise die Werke Gottes verbessern wollte.

An Gebäuden ist eigentlich nichts Merkwürdiges vorhanden. Eine eigene, höchst ärmliche Kirche hat Swinemünde erst seit dem Jahre 1792. Bis dahin mußten die Einwohner nach dem benachbarten Dorf Westswine zur Kirche gehen. Das Rathaus ist mit einem Türmchen geschmückt, dem einzigen, das Swinemünde aufzuweisen hat, und von diesem herab werden jeden Sonntagmorgen drei Verse irgendeines bekannten Liedes zur Erbauung der Einheimischen und Fremden geblasen. Als recht geschmackvoll ist der etwa achtzig Fuß lange und vierzig Fuß breite Kursaal in dem 1826 erbauten Gesellschaftshaus zu nennen. Unmittelbar vor diesem Gesellschaftshaus ist der Anlandeplatz für die von Stettin und Kopenhagen kommenden Dampfschiffe. An diesem Teil des Bollwerks, an dem sich das meiste Leben der Stadt konzentriert, liegen auch gewöhnlich die russischen, mit kaiserlicher Pracht ausgestatteten Dampf- und Kriegsschiffe, die hier oft monatelang bleiben und den Swinemündern zwar viel Geld, aber auch viel Ungeziefer und viele Betrunkene bringen. Die Sprachen aller handeltreibenden europäischen Nationen hört man an diesem Bollwerk reden, und im Frühjahr hat das Leben hier etwas Großartiges.

Von der See wird die Stadt durch einen frischen

Erlenwald, die Plantage genannt, getrennt, durch den Fahr- und Fußwege nach allen Richtungen – meist nach der Küste zu den Badeplätzen – hinabführen, die, wie schon angedeutet, sehr rühmenswert sind, obgleich mitunter der Einwand gemacht worden ist, daß wegen der nahen Ausströmung der Swine das Wasser oft noch von den wenigen Salzteilen verliere, welche die Ostsee ohnehin nur mit sich führt. Die ganze Einwohnerschaft, Doktor und Apotheker an der Spitze, sträubt sich jedoch hiergegen ganz gewaltig, und der Einwand ist und bleibt auch sehr nichtig. Zum Gedeihen der neuen Badeanstalt aber, um die sich Männer wie Sack, Kölpin und Böhlendorf so verdient gemacht haben, wäre zu wünschen, daß in den Preisen für die Miete und andere Bedürfnisse eine Ermäßigung eintreten möchte. Die Industrie der Einwohner dieses kleinen Ortes spekuliert gegenwärtig zu sehr auf die kurze Badezeit, sucht die Gäste oft gar zu sehr zu schröpfen, und es ist daher kein Wunder, daß sich die Badegäste mehr und mehr nach dem ohnehin viel schöner und zum Baden bequemer gelegenen Heringsdorf begeben.

Swinemünde hat keine öffentliche Spielbank, und deshalb allein schon halte ich es einer warmen Empfehlung wert. Gesellige Vereinigungspunkte, die sich fast auf den Balkon des Gesellschaftshauses und den Spaziergang am Bollwerk beschränken, könnten dagegen mehr vorhanden sein. An hübschen Punkten in der Umgebung ist Swinemünde reich. Das nahe gelegene Hafendorf Ostswine gewährt eine herrlich weite Sicht in die See, und die verschiedenen Warttürme, Baken und Flaggenstangen, von denen herab und durch die die Lotsen alle in Sicht kommenden Schiffe signalisieren und alsbald darauf in See stechen, um die Ankommenden sicher in den Hafen zu geleiten, führen dem Fremden höchst interessante und originelle Bilder vors Auge.

Unter den Landpartien, die von Swinemünde aus gemacht werden müssen, ist der nächste schöne Punkt der Golm, ein mit herrlichen Buchen bestandener Hügel. Auf seiner Höhe trägt er eine Art von Halle, aus der man eine entzückende Aussicht über Land, Meer und Binnenwasser, über Wiesen, Felder und Wälder hat. Dieser Berg beschließt den Bergrücken, der sich durch das Innere der Insel zieht, oder wenn wir weiter nach Südost eine Fortsetzung finden, so ist doch hier ein weites Tal, das fast nur Wiesen und Torfland umschließt. Hart bis an die Küste erstreckt sich gegen Norden der Wald über Berg und Tal, und darüber hinaus zeigt sich das Meer in seiner Majestät. Deutlich sieht man hier die roten Dächer von Swinemünde und all die Masten und Segel der eiligen Schiffe. Den krummen Lauf der Swine kann man aus dem Haff bis ins Meer verfolgen, und bei klarem Wetter sind auch die Türme des uralten

Wollin sichtbar. Unstreitig ist der Golm der schönste Punkt der Insel; hier ist der Wechsel in Land und Meer am buntesten und kecksten. Alles trägt den ernsten nordischen Charakter der Ruhe und Tiefe. Es ist keine lachende Landschaft; man sieht keine Hirten gelagert oder auf der Weide ihr Vieh treiben; hört keine Schalmeien, sieht keine munteren Landmädchen und Buben, die nach der Fiedel springen und sich des Lebens freuen, nein, hier sind nur dunkle Wälder, die hin und wieder durch lichtgrüne Wiesen durchbrochen werden, auf denen nicht etwa stattliches Vieh frei in Herden weidet, sondern auf denen man hin und wieder ein Pferd oder einen Ochsen oder auch ein paar mittels eines Strickes mit einem Hinterfuß an einen Pfahl gebunden findet, auf daß sie nicht mehr fressen, als ihnen gut ist. Tiefe blaue Landseen und alte ehrwürdige Eichen aber gibt es in Menge, die dem Wanderer ins Ohr rauschen, daß es hier zuweilen sehr ernst zugegangen sei, wenn der kalte Sturm aus Norden oder Nordost über die Ostseeflächen brauste.

Fahren wir nun am Strand weiter entlang, so gelangen wir nach einer halbstündigen Fahrt nach Heringsdorf, das lachend und einladend in malerischer Unordnung mit seinen weißen Häusern das bergige Ufer bedeckt. Freundlicher als hier kann der Ruhe und Heilung Suchende nirgends aufgenommen werden. Näher ans Meer kann der

Mensch seine Schlafstelle nicht aufschlagen, als es hier der Fall ist. Auf dem höchsten der Hügel, auf dem Heringsdorf verstreut liegt, steht in junger grüner Anpflanzung das Traiteurhaus, von dem aus man wieder durch zwei weite Schluchten nach Nordost und Nordwest eine herrliche Fernsicht über das Meer genießt. Gegen Norden liegt das Traiteurhaus durch einen waldbewachsenen Hügel geschützt, von dessen Höhe man bei klarem Wetter die steilen Ufer Mönchguts erblickt. Alljährlich entstehen auf dieser Hügelgruppe mehr und mehr Häuser in höchst buntem Geschmack, die teils von Swinemündern, teils Auswärtigen aus Spekulation und Liebhaberei hier erbaut werden. Der kürzlich verstorbene Professor Klenze, der Dichter Willibald Alexis und der Schauspieler Devrient waren und sind noch jetzt Besitzer solch reizend gelegener Häuser. Seinen Namen trägt dieses neue Seebad von dem Umstand, daß die Bewohner des ehemals sehr ärmlichen Fischerdörfchens auf der Höhe, wo jetzt das Traiteurhaus steht, den letztverstorbenen König von Preußen und die Fürstin von Liegnitz zum Frühstück mit frischen, in Salz und Wasser gekochten Heringen regalierten. Infolge dieses Frühstücks gab der König dem Dörfchen den Namen Heringsdorf. Die Lebensweise ist im ganzen hier sehr billig. Für zwanzig bis dreißig Taler kann man für die ganze Badezeit eine ländlich hübsche Wohnung mit zwei Betten haben. Wer ungestört nur der Natur, seiner Gesundheit und einem engeren gebildeten Kreis von Badegästen leben will, muß nach Heringsdorf gehen.

Weiter nordwestlich an der Küste hinauf ist nun noch der bei Koserow hart an der See gelegene, etwa hundertzwanzig Fuß hohe Strekelberg bemerkenswert, welcher den höchsten Punkt der Insel Usedom bildet. Sein Scheitel trägt nur mühsam angepflanztes Weidengestrüpp, spärlich wachsenden Strandhafer und eine dreieckige, etwa dreißig Fuß hohe Bake als Signal und Warnzeichen für fern ansegelnde Schiffe. Früher soll der Berg ganz mit Wald bestanden gewesen sein, und ein für ferne Sichten über Land und Meer begeistert gewesener Oberförster hat ihn, wie die Sage geht, unbarmherzig niederstrecken lassen. Die Aussicht ist nun freilich nach allen Seiten unermeßlich, und mancher Fremde, der von hier das weite Meer und all die Küsten- und Inselgruppen überschaut, mag dies dem seligen Oberförster schon im stillen gedankt haben. Nicht aber so das landeinwärts am Fuß des ewig umstürmten Berges gelegene Kirchdorf Koserow. Dieses arme Dorf, das früher einen vortrefflichen Lehmboden gehabt haben soll, liegt gegenwärtig ganz im Sand, und sooft der frische Nordost dem an Sand unerschöpflichen Strekelberg über das kahle Haupt fährt, wird es aufs neue damit überschüttet. Vom Strekelberg aus erblicken wir auch die Eilande Ruden und die patriarchalische Greifswalder Oie. Auf dem Ruden – und nicht, wie es gewöhnlich heißt, auf Rügen – betrat Gustav Adolf zuerst den deutschen Boden; hier kniete er nieder und bat Gott um Beistand, als er es für seine Pflicht hielt, der Glaubensfreiheit und dem Licht der Reformation mit dem Schwert zu Hilfe zu eilen. Der Ruden wie die Oie sind traurige, kahle Sandinseln, die kaum ein paar Kühe ernähren können. Die hier bei den Signalen und Leuchtbaken wohnenden Lotsen müssen ihre Lebensmittel fast sämtlich vom Festland beziehen.

Vom Strekelberg nun noch weiter nordwestlich die gänzlich öde Küste Usedoms zu besuchen, wäre Tollheit, und wir schlagen daher über Damerow, Zinnowitz und Bannemin den nächsten Weg nach der Wolgaster Fähre ein.

QUELLENVERZEICHNIS

An dieser Stelle danken wir den nachstehenden Rechtsinhabern, die uns freundlicherweise den Nachdruck folgender Beiträge gestatteten: Demmler Verlag, Schwerin: *Egon Richter · Die Entstehung des Golm* (aus: «Usedom – Sagen und Geschichten», 1992); Husum Verlag, Husum: *Otto Boljahn · Der Lieper Winkel* und *Ernst Zastrow · Nach dem Peenemünder Haken* (aus: «Die Insel Wollin – Die Insel Usedom», herausgegeben von Peter August Rolfs, 1933/1993); dem Autor: *Gerd Karpe · Kummer mit Gräten*; Suhrkamp Verlag, Frankfurt am Main: *Hans Werner Richter · Bansiner Topographie* (aus: «Blinder Alarm», 1970).

In jenen Fällen, in denen es nicht möglich war, den Rechtsinhaber resp. Rechtsnachfolger zu eruieren, konnte ausnahmsweise keine Nachdruckerlaubnis eingeholt werden. Honoraransprüche der Autoren oder ihrer Erben bleiben gewahrt.

KLEINE BETTLEKTÜRE FÜR
EINHEIMISCHE UND ZUGEWANDERTE

zwischen Nordsee, Main und Mosel

Bergisches Land	Lüneburger Heide
Bonn	Mülheim
Düsseldorf	Niederrhein
Essen	Niedersachsen
Friesland	Ostfriesland
Hamburg	Recklinghausen
Hanseaten	Ruhr-Revier
Harz	Sauerland
Hessen	Schleswig-Holstein
Kassel	Sylt
Köln	Westfalen

zwischen Alpen, Main und Mosel

Baden	Pfalz
Bayern	Saarland
Bodensee	Schwaben
Franken	Schwäbische Alb
Heidelberg	Schwarzwald

KLEINE BETTLEKTÜRE MIT
MUNDARTLICHEN LECKERBISSEN FÜR:

Leit, de wo no Bairisch kena

alle Berliner, die nischt uff ihre Schnauze
kommen lassen

Leut, die e hessisch Herz
uff de Zung habbe

leeve Lück, die jän Kölsch
verzälle

Lüüd, de gern 'n beeten
Plattdütsch snackt

Lüd, de gern met Fritz Reuter 'n
beeten Plattdütsch snackt

Leute, die noch Schlesisch 'räda
wie derrheeme'

Leit' die grad mit Fleiß no
Schwäbisch schwätzet

Lüde ut Westfaolen,
de gärn plattdütsk küert